Konrad | Selbstgesteuertes Lernen ermöglichen

AF649855

Bildung und Unterricht

Klaus Konrad

Selbstgesteuertes Lernen ermöglichen

Reclam

Sollte diese Publikation Links auf Webseiten Dritter enthalten, so übernehmen wir für deren Inhalte keine Haftung, da wir uns diese nicht zu eigen machen, sondern lediglich auf deren Stand zum Zeitpunkt der Erstveröffentlichung verweisen.

RECLAMS UNIVERSAL-BIBLIOTHEK Nr. 14296
2023 Philipp Reclam jun. Verlag GmbH,
Siemensstraße 32, 71254 Ditzingen
Gestaltung: Cornelia Feyll, Friedrich Forssman
Druck und Bindung: EsserDruck Solutions GmbH,
Untere Sonnenstraße 5, 84030 Ergolding
Printed in Germany 2023
RECLAM, UNIVERSAL-BIBLIOTHEK und
RECLAMS UNIVERSAL-BIBLIOTHEK sind eingetragene Marken
der Philipp Reclam jun. GmbH & Co. KG, Stuttgart
ISBN 978-3-15-014296-7

Auch als E-Book erhältlich

www.reclam.de

Inhalt

Vorbemerkung

Selbstgesteuertes Lernen liegt (wieder oder noch immer) im Trend. Es ist Thema bei Workshops, Lehrer*innenfortbildungen und Fachartikeln zu Bildung und Weiterbildung. Lehrende aller Schularten interessieren sich für selbstgesteuertes (oder begrifflich synonym: selbstorganisiertes, selbstreguliertes oder eigenverantwortliches) Lernen. Zuletzt hat die COVID-19-Pandemie mit den plötzlichen Anforderungen des Homeschooling dem Thema Aufschwung verliehen.

Und das ist gut so, weil es sich um ein wegweisendes Konzept handelt, das aktuellen gesellschaftlichen, wissenschaftlichen und wirtschaftlichen Entwicklungen entgegenkommt. Offenkundig sind die Vorzüge für die Betroffenen selbst: Schüler*innen, denen Strategien sowie Überzeugungen der Selbststeuerung fehlen, haben es zwangsläufig schwer, den schulischen Anforderungen und Qualifizierungszielen gerecht zu werden. Das gilt insbesondere vor dem Hintergrund der neuen Bildungspläne und Kompetenzanforderungen.

Mein zentraler Ansatzpunkt liegt in der Betrachtung der relevanten Schlüsseldimensionen der Selbststeuerung – und spezifischer: wie Lehrerinnen und Lehrer die Lernenden in dieser Hinsicht bestmöglich fördern und unterstützen können. Zu den pädagogisch-psychologischen Anliegen, auf die Lehrkräfte ihr Augenmerk richten sollten, zähle ich (kognitive) Aktivierung, Unterstützung individueller Stärken sowie Selbstverantwortung.

Zur Sprache kommen theoretische Konzepte ebenso wie praktische Beispiele und Anwendungsfelder. Ich konzentriere mich auf empirisch erforschte und praktisch erfolgreiche Instrumente und Methoden für einen Unterricht, in dem sich selbstgesteuertes Lernen entfalten kann. Behandelt werden Förderansätze, die sich in Theorie und Praxis tagtäglich bewähren und einen klaren praktischen Nutzen haben. Dabei will ich unmissverständlich betonen, dass selbstgesteuertes Lernen alles andere als ein Selbstläufer ist, sondern zwingend der behutsamen Grundlegung in Schule und Elternhaus bedarf. Das Buch gibt Auskunft über diese Förder- und Qualifizierungsarbeit.

1 Übersicht und Ziele des Buches

Zunächst möchte ich einen Überblick über Ziele und Inhalte des Buches geben: Was sind die Themen des Buches? An welche Zielgruppen richten sich die Inhalte? Wer kann davon profitieren?

Ziele des Buches

Die Förderung neuer Lehr-Lernkulturen und des selbstgesteuerten Lernens von Schülerinnen und Schülern sind in unseren Schulen von zentraler Bedeutung. Wie gelingt selbststeuerungsoffener Unterricht? Welche Schritte im Lerngeschehen sind sinnvoll? Worin bestehen die Aufgaben der Lehrperson? Kann sie sich nun zurückziehen oder wird sie gar überflüssig?

Antworten auf solche Fragen zeichnen sich mittlerweile ab. Um Schüler*innen zunehmende Freiheitsgrade beim Lernen zu ermöglichen, ist eine angemessene Förderung durch die Lehrperson zentral. Ganz gleich, ob Primar- oder Sekundarstufe: die Mehrzahl der Lernenden muss im Unterricht unterstützt werden, sich selbstständig neues Wissen – oder gar neue Kompetenzen (im Sinne von Wissen, Können und Handeln) – zu erarbeiten. Gelingt diese geschickte Führung, wird eine intelligente, aktive Aneignung in Gang kommen. In diesem Prozess lernen die Beteiligten, Wissen derart in ihre kognitive Struktur zu integrieren, dass sie ihre Kenntnisse auch zur Lösung neuer Probleme einsetzen können (Götz, 2006).

Erfolgreiches selbstgesteuertes Lernen weist zahlreiche Facetten auf. Entsprechend bedarf es seitens der Lehrenden vielfältiger Wissensbestände, Kompetenzen und Einstellungen: Wichtig ist etwa ein Verständnis darüber, wie Lehr-Lernsituationen aufgebaut sind, welche didaktischen sowie psychologischen Entscheidungen zu treffen sind und wie Lehr-Lernprozesse im Detail ablaufen (Oberländer, 2017).

Hier liegt der Ansatzpunkt des vorliegenden Buches. Es will zur Optimierung von Kenntnissen, Überzeugungen, Strategien und Entscheidungen beitragen. Angestrebt wird eine hohe Theorie-Praxis-Verbindung. In günstigen Fällen finden Sie als Leser*innen Anregungen, die Sie in Ihrer beruflichen Praxis und im privaten Umfeld umsetzen können.

Das Buch richtet sich an interessierte Lehrkräfte, aber auch an Studierende des Lehramts und Referendar*innen. Vor allem fünf Fragen dürften für die Zielgruppe von Interesse sein:

1. Was bedeutet selbstgesteuertes Lernen und wie lässt es sich von verwandten Konzepten abgrenzen?
2. Inwiefern tragen innovative Lernumgebungen zum selbstgesteuerten Lernen bei? Was sind die zentralen Aufgaben der Lehrperson(en) im selbststeuerungsoffenen Unterricht?
3. In welcher Weise kann selbstgesteuertes Lernen gefördert werden? Worin unterscheiden sich direkte, indirekte und kombinierte Lernförderung?
4. Welche Förderkonzepte haben sich bewährt? Gibt es empirische Belege für diese Erfolge?
5. Was sind die Interessen einer modernen Schul- sowie Unterrichtsentwicklung? Inwiefern ist selbstgesteuer-

tes Lernen ein Qualitätsmerkmal dafür? Wie können notwendige Veränderungen an unseren Schulen eingeleitet werden?

Die hier vorgestellten Themen werden durch passende didaktische Gestaltungselemente veranschaulicht. Beispiele, Unterrichtskonzepte, Anregungen für die Praxis, Arbeitsblätter, Checklisten und Reflexionsfragen helfen der Leserin und dem Leser dabei, sich tiefer mit den Inhalten auseinanderzusetzen.

Inhalte und Aufbau des Buches

Die Kernanliegen dieses Buches werden in sieben Kapiteln behandelt. Nach der Einführung (Kap. 1) und Hinweisen zur Aktualität und Relevanz des Themas (Kap. 2) erfolgt in Kapitel 3 die Klärung zentraler Begriffe: Was bedeutet selbstgesteuertes Lernen? Mit Kapitel 4 beginnen die Ausführungen zur Förderung von Selbststeuerung. Wie kann selbstgesteuertes Lernen im Unterricht unterstützt werden? In Kapitel 4 finden sich außerdem zahlreiche Hinweise auf innovative Lernumgebungen sowie besondere Aufgaben der Lehrperson, etwa bezogen auf problemlösendes sowie prozessorientiertes Lernen. Kapitel 5 illustriert ausgewählte und praktisch bewährte Initiativen zu den Schwerpunkten der Förderung: direkte, indirekte und kombinierte Hilfen. Beispiele zur Unterstützung dieser Kerndimensionen vertiefen das Thema zum Beispiel für den Unterricht im Gymnasium. Das Hauptaugenmerk liegt auf wissenschaftlich erforschten und praktisch wirksamen Förderansätzen. In Kapitel 6 kommen bewährte Maßnahmen und Instrumente zur Anregung von Kerndimensionen der Selbststeuerung, etwa der Motivation und der Metakognition, zur Sprache. Alle Konzepte gelten als zentrale Elemente der personinternen Selbstregulation, und es sind Aufgaben und Zielgrößen für die Lehrperson. Fragen wie die folgenden rücken in den Fokus: Mit welchen Verfahren können Lehrerinnen und Lehrer Motivation sowie Metakognition unterstützen? Gibt es spezifische Instrumente für den Fachunterricht? In Kapitel 7 folgen Überlegungen zur aktuellen Schul- und Unterrichtsentwicklung. Welche Berührungspunkte bestehen zwischen schulinternen Veränderungen und dem selbstgesteuerten Lernen? Können Elemente der Selbststeuerung als Kriterien einer erfolgreichen Schul- sowie Unterrichtsentwicklung betrachtet werden? Abschließend erhalten Sie als Leser*innen eine komplette Übersicht von allen beschriebenen Methoden zur Förderung von selbstgesteuertem Lernen. Auch die erläuterten Förderansätze werden noch einmal aufgelistet.

2 Warum ist selbstgesteuertes Lernen relevant?

Das Thema »selbstgesteuertes Lernen« genießt derzeit eine hohe Wertschätzung. Im Folgenden werden kurz die Gründe erörtert, warum dies so ist. Zugleich finden sich in diesem Kapitel Argumente für die Aktualität und Dringlichkeit der Diskussion und Anwendung selbststeuerungsoffener Unterrichtsformen. Welche Rahmenbedingungen sind hierfür relevant? Welche Rolle spielen gesellschaftliche, wirtschaftliche und wissenschaftliche Entwicklungen in diesem Zusammenhang?

Wissensexplosion und Wissensveraltung

In vielen beruflichen Bereichen führen gesellschaftliche, technische, wirtschaftliche und wissenschaftliche Veränderungen zu einer raschen Erneuerung bzw. Veraltung schulisch oder beruflich relevanten Wissens. Dies führt zusammengenommen zu einem großen Trainingsbedarf, der durch Lehr-Lernformen, die nach dem Schulklassenmodell funktionieren, kaum mehr zu decken ist (Konrad, 2022).

Wenn Inhaltswissen schnell veraltet, dann ist es eine wichtige Aufgabe aller Schulen, auch für die Entwicklung solcher Fähigkeiten und Fertigkeiten Sorge zu tragen, die weiteres Lernen ermöglichen (Konrad & Traub, 2011). Das 4K-Modell, das in Kapitel 5.4 (S. 105 ff.) genauer vorgestellt wird, greift diesen Gedanken auf. Die vier »K« bezeichnen vier Fähigkeiten mit diesem Anfangsbuchstaben: Kreativität, kritisches Denken, Kommunikation und Kollaboration.

Es sind Bausteine, die zu einem Lernen beitragen sollen, das die Anforderungen des 21. Jahrhunderts (im Beruf, im Leben und als Bürger) erfolgreich meistern kann (Muuss-Merholz, 2021).

Informations- und Kommunikationstechnik

Auch die Entwicklung der Informations- und Kommunkationstechnik hat der Diskussion um selbstgesteuertes Lernen großen Auftrieb gegeben (Konrad, 2019), da nun Technologien – Stichworte: Smartphone, Tablet, Cloud – zur Verfügung stehen, die ein großes Potenzial für die Unterstützung selbstgesteuerten Lernens haben. Durch ihre Möglichkeit, orts- und zeitflexibles Lernen zu organisieren, schaffen sie häufig überhaupt erst die Voraussetzung für selbstgesteuertes Lernen (Zylka, 2021). Andererseits ist selbstgesteuertes Lernen auch ein Schlüssel für den Einsatz innovativer (digitaler) Techniken. Es reicht nicht, ein Fach Digitalisierung in den Schulen einzurichten, in dem technisch-kreatives Wissen vermittelt wird. Es reicht auch nicht, Laptops ins Klassenzimmer zu bringen, die schöpferische Potenziale der Schüler*innen wecken können. Wichtig ist vor allen Dingen, dass verantwortliche Betreuer das sture Auswendiglernen in einzelnen Fächern unbedingt reduzieren und das Denken in Zusammenhängen fachübergreifend massiv ausweiten. Steve Jobs (einer der Gründer des Computerherstellers Apple) sprach 2005 von *connecting dots*: die Fähigkeit, Erlerntes kreativ miteinander zu verknüpfen und digital umzusetzen. Diese Fähigkeit ist eine Stärke und ein Treiber menschlicher Innovationskraft.

Wissenschaftsinterne Perspektivenwechsel

Das Interesse am selbstgesteuerten Lernen ist auch eine Folge des Perspektivenwechsels vom Lehren zum Lernen (»Lehren macht nicht Lernen«; Konrad, 2021) innerhalb der Pädagogik und der Pädagogischen Psychologie. Moderne pädagogisch-psychologische Theorien heben die aktive, konstruktive Rolle des Individuums beim Lernen hervor und diskutieren es nicht mehr nur in Abhängigkeit vom Lehrerverhalten und von Unterrichtsbedingungen (Friedrich, 2002). Nach einer kognitiven Wende in den 1960er und 1970er Jahren dominieren aktuell gemäßigt konstruktivistische Ideen, die die Lehrperson dazu ermutigen, Vorzüge der Konstruktion und der Instruktion miteinander zu kombinieren (Konrad, 2022). Zwei grundlegende Veränderungen ereignen sich parallel: Zum einen gewinnt das Lernen gegenüber dem Lehren die Oberhand, zum anderen rücken Experten verschiedener Fachgebiete die Individualität des Menschen klar in den Vordergrund. Unterschiedliche Talente, Persönlichkeiten und Vorlieben – die oftmals evolutionsbiologisch begründet sind – gewinnen an Bedeutung.

Selbststeuerung als globales Bildungsziel

Bemerkenswert sind auch die Vorstellungen bedeutender internationaler Organisationen (z.B. UNESCO; The United Nations Educational, Sports and Cultural Organization), die einige »21st century skills« (als Ziele) hervorheben. Die Hälfte dieser Skills benennen innere Kompetenzen: »Selbst-Bewusstheit, Selbst-Regulation, Soziale/Interpersonale Skills,

Teamwork Skills, Zuhören, Kommunikationsfähigkeit und die Fähigkeit zum Zusammenarbeiten« (Care et al. 2017, S. 12, zit. nach Altner, 2021, S. 154). Wie die erwähnten »4 Ks« werden diese selbstbezogenen Kompetenzen oder das Lernen des Selbst derzeit verstärkt in pädagogischen Lehr-Lernarrangements gefördert und stehen im Fokus der vorliegenden Abhandlung. Vertreter aus Wirtschaft und Bildung sehen darin die Voraussetzung für die Bewältigung komplexer und dynamischer Situationen.

Bildungsgerechtigkeit und Homeschooling

In Deutschland haben alle Menschen die gleichen Chancen. Ein simpler Satz, der aber nicht trivial ist. Denn die Realität sieht anders aus. Während sich Kinder aus privilegierten Familien kaum Sorgen um ihre berufliche Zukunft machen müssen, stehen andere vor unüberwindbaren Hürden.

Die Unterschiedlichkeit der Bildungschancen für Lernende ist ein Problem, das bereits seit geraumer Zeit besteht und in vielen internationalen Studien (z. B. PISA) angemahnt wurde. Um Bildungsgerechtigkeit herzustellen, gilt es unterschiedlichen Lernpräferenzen gerecht zu werden. Darüber hinaus werden Konzepte benötigt, die für das selbstgesteuerte Lernen typisch sind. Schüler*innen, die ihre Aktivitäten selbstgesteuert und damit selbstverantwortlich erledigen können, haben in außergewöhnlichen Lebensphasen (z. B. in Zeiten des Homeschooling) Vorteile. Sie verfügen über ein klares Zeitmanagement und weisen eine höhere Lernmotivation auf.

Zwischenfazit und erste Konsequenzen

Keines der hier vorgestellten Argumente für selbstgesteuertes Lernen ist völlig neu. Tatsächlich wurden die meisten bereits in den 1960er und 1970er Jahren vorgetragen. Was die derzeitige Diskussion um das selbstgesteuerte Lernen von früheren Debatten unterscheidet, betrifft vor allen Dingen zwei Begebenheiten:

(1) Erstens existiert derzeit ein starker Druck »von außen«. Gesellschaft, Politik und Wirtschaft fordern von der allgemeinbildenden Schule, sich für selbstgesteuertes Lernen zu öffnen.
(2) Zweitens hat sich die technologische Situation grundlegend geändert: Die heute verfügbaren digitalen Technologien eröffnen Lehrkräften, Bildungsplanern, Instruktionsdesignern und Medienentwicklern ungeahnte Möglichkeiten. Für viele Verantwortliche in Wissenschaft und Praxis ist diese Perspektive entscheidend für die Zukunft eines modernen (leistungsfähigen) Bildungssystems und die Qualität des darin angebotenen Unterrichts.

Nachdem die Aktualität und Bedeutung des Themas hervorgehoben wurde, steht nun eine inhaltliche Präzisierung an. Was bedeutet selbstgesteuertes Lernen?

3 Was bedeutet selbstgesteuertes Lernen?

Im Fokus des Kapitels steht die Klärung zentraler Begriffe. Selbstgesteuertes Lernen erfreut sich aktuell einer enormen Beliebtheit. Gleichzeitig ist es konzeptionell vage. Warum gilt Selbststeuerung als »fuzzy« Begriff? In welchen Theorien ist selbstgesteuertes Lernen verankert?

3.1 Kernkonzepte und Definition(en)

In der Beantwortung der Frage, was selbstgesteuertes Lernen genau bedeutet, gehen die Ausführungen weit auseinander. Klar ist: Selbstgesteuertes Lernen ist mehr als Freiarbeit und vordergründige Schülerbeschäftigung mittels eng gestrickter Arbeitsblätter oder üppig bestückter Lerntheken.

Selbstgesteuertes Lernen begegnet uns in Form diverser Begriffe. Die Rede ist von »selbstgesteuert«, »selbstreguliert« und »selbstorganisiert« ebenso wie von »selbstständig« oder »eigenständig«. Grund für diese Bandbreite sind verschiedene Perspektiven und Forschungsprogramme sowie -traditionen.

Definition: Selbstgesteuertes Lernen

Konrad & Traub (2011) begreifen selbstgesteuertes Lernen als eine Lernform, »bei der die Lernenden im Hinblick auf vorgegebene (fremd- wie selbstbestimmte) Ziele und in Abhängigkeit von der Art ihrer Lernmotivation sowie den Anforderungen der aktuellen Lernsituation eine oder mehrere Selbststeuerungsmaßnahmen ergreifen und dadurch den Fortgang des Lernprozesses selbst überwachen, regulieren und bewerten« (Konrad & Traub, 2011, S. 2 f.).

»Der selbstgesteuert Lernende muss in der Lage sein, sich selbst zu motivieren, seine Lernbedürfnisse zu erkennen, sein Lernziel zu bestimmen, sein Lernen zu planen, zur Realisation seiner Ziele die optimalen Lernstrategien anzuwenden und die Ergebnisse (weitgehend) selbst zu bewerten.« (Konrad, 2000, S. 76)

Selbstgesteuertes Lernen umfasst reflektiertes Können und Wollen, Selbstlernkompetenz und Selbstlernbereitschaft. Anzumerken ist ferner, dass selbstgesteuertes Lernen nicht so sehr auf den Aufbau expliziten Wissens als vielmehr auf die Denkweise, das Mindset des Individuums abzielt. Auch steht nicht notwendigerweise das individuelle Lernen im Fokus. Diese Einschätzung deckt sich mit dem Anliegen zahlreicher Bildungseinrichtungen, die bestrebt sind, Schüler*innen sowie Studierende mittels selbstgesteuerten Lernens zu kreativen Problemlösern und sozial kompetenten Teamarbeitern zu machen. Selbststeuerung schließt also das Lernen mit anderen keineswegs aus (Muuss-Merholz, 2021, S. 12).

Selbstgesteuertes Lernen heißt vor allem, dass ich selbst (individuell oder kooperativ) lernen kann und nicht nur belehrt werde. Darüber hinaus geht es um selbstdiszipliniertes, selbstüberwachtes und selbstkorrigierendes Lernen. Wenn ich komplexe Aufgaben bearbeiten und dabei mein Lernen reflektieren und gestalten kann, wenn ich also im-

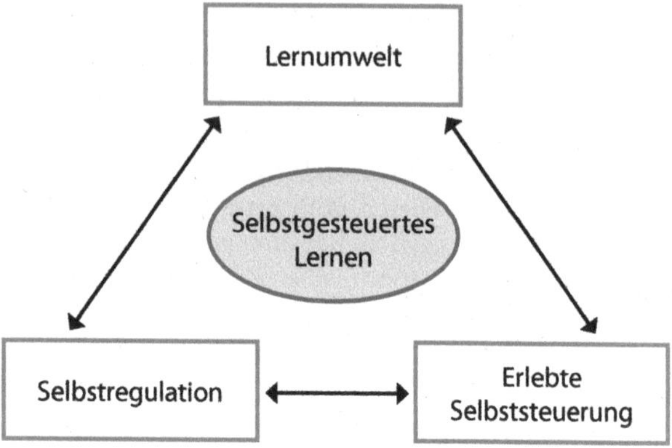

Abb. 1: Was sind die Kernelemente des selbstgesteuerten Lernens?

mer auch das Lernen lerne, dann geschieht selbstgesteuertes Lernen.

In diesem Buch werden drei Kernkonzepte vorrangig betrachtet (siehe Abb. 1): (1) Selbstregulation, (2) erlebte Selbststeuerung und (3) Lernumwelt.

Zum Nachdenken: Welche Rolle spielen die genannten Dimensionen in Ihrem Unterricht?

a) Kognitive Strategien
b) Metakognitive Regulationsstrategien
c) Motivationale Überzeugungen
d) Emotionale Regulation oder Kontrolle.

Wo und wie können Sie diese Dimensionen in Ihrem Unterricht beobachten und beeinflussen?

Was bedeutet Selbstregulation?

Definition: Selbstreguliertes Lernen

Selbstreguliertes Lernen wird als Kernelement des selbstgesteuerten Lernens betrachtet. Der grundlegende Mechanismus der Selbstregulation ist ein Ist-Soll-Wert-Vergleich. Mit Hilfe von Selbstbeobachtung (Self-Monitoring) wird der aktuelle Zustand (Ist-Wert) festgestellt. Im Anschluss daran erfolgt die Selbstbewertung (Ist-Soll-Vergleich). Falls es Diskrepanzen gibt, ergreift die Person Maßnahmen, um sich dem Zielzustand anzunähern (Self-Regulation).

Vertreter der sozial-kognitiven Lerntheorien unterscheiden drei Kernelemente der Selbstregulation.

- Verhaltensbezogene Selbstregulation: Die verhaltensbezogene Selbstregulation beinhaltet die Selbstüberwachung und die strategische Anpassung des Leistungsprozesses. Beispiel: Hans erkennt, dass die Art, wie er Vokabeln lernt, nicht zielführend ist und ändert seine Strategie.
- Verdeckte/interne Selbstregulation: Im Modus der verdeckten Selbstregulation überwacht das Individuum den Prozess der Lernhandlung und gleicht affektive und kognitive Zustände an. Beispiel: Elsa interessiert sich nicht für das Fach Mathematik. Die Folge: Sie meldet sich nie im Unterricht und schiebt Hausaufgaben auf. Ihr Lehrer rät ihr, sich die Vorzüge des Faches Mathematik bildhaft vorzustellen (= neue Denkgewohnheiten ausbilden).

- Umgebungsbezogene Selbstregulation: Bei der umgebungsbezogenen Selbstregulation verändert die Person ihre Umwelt; sie beobachtet die Umweltbedingungen und passt diese bei Bedarf an. Beispiel: Ute räumt ihr Zimmer auf und schaltet das Smartphone ab, um konzentrierter lernen zu können (Zimmerman, 2000).

Beispiel für die Schulpraxis: Übung zum selbstregulierten Lernen

1. Franziska ist Schülerin der 10. Jahrgangsstufe. Erstmals muss sie im Deutschunterricht eine Hausarbeit zu einem Thema ihrer Wahl schreiben. Sie hat hierfür zwei Wochen Zeit. Beschreiben Sie Franziskas selbstreguliertes Vorgehen.
2. Wie verläuft ihr Lernzyklus? Was sind ihre Ziele, ihre Standards und welche Anpassungen nimmt sie vor?

Erlebte Selbststeuerung

Ein zweites Element des selbstgesteuerten Lernens ist die erlebte Selbststeuerung. Bevor das Lernen einer Person von Außenstehenden als selbstgesteuert charakterisiert wird, stellt sich die Frage, wann und in welchem Maße das lernende Individuum sein Handeln als selbstgesteuert bzw. selbstbestimmt auffasst.

Wo selbstgesteuertes Lernen anfängt, hängt offenbar von der Wahrnehmung des/der Lernenden ab. Unabhängig davon, ob das Lernverhalten tatsächlich der eigenen Einflussnahme unterliegt oder nicht, ist das persönliche Empfinden der eigenen Kontrollüberzeugung entscheidend für eine Zuordnung zu selbst- oder fremdgesteuertem Lernen.

In der Argumentation der Selbstbestimmungstheorie der Motivation (Deci & Ryan, 2012) ist es sehr wohl möglich, dass eine Person in hohem Maße von anderen abhängig ist, und ihr Handeln trotzdem als selbstgesteuert erlebt. Ist das der Fall, erfährt die Person die Normen und Werte von Gesellschaften oder Gruppen als kongruent mit dem eigenen Selbst.

Lernumwelt

Die dritte Kerndimension der Selbststeuerung, die Lernumgebung, verweist auf den wichtigen Aspekt, dass selbstgesteuertes Lernen im Austausch zwischen Person und Umwelt existiert. Eine zentrale Rolle spielen Gegebenheiten der Lernumwelt und das Verhalten der Lehrperson. In unserer Zeit finden die vielfältigen Elemente einer Lernumgebung breite Beachtung. Daran anknüpfend liegt vieles in der Hand der Lehrkraft: Sie entscheidet in hohem Maße, ob der oder die Lernende die Verantwortung für eigene Entscheidungen (den eigenen Möglichkeiten entsprechend) überhaupt tragen kann (Siewert, 2017).

3.2 Ein metakognitives Modell des selbstgesteuerten Lernens

Ein Ansatz, der selbstgesteuertes Lernen in seiner Komplexität verständlich machen kann, betont die Metakognitionen. Sein Schwerpunkt liegt auf der Selbstregulation und den daran beteiligten metakognitiven Prozessen.

In der Sicht von Schraw, Crippen & Hartley (2006) ist selbstgesteuertes Lernen ein aktiver und konstruktiver Prozess, in dem das Zusammenspiel dreier wesentlicher Komponenten der Selbstregulation – Kognition, Motivation und Metakognition – dazu dient, das Lernen zu steuern. Der Entwurf dient zugleich dazu, personinterne und umweltbezogene Bedingungen voneinander abzugrenzen.

Personinterne Konzepte

Im Fokus Ihres Modells stehen die Metakognitionen. Was ist mit diesem Begriff gemeint?

Definition: Metakognition

Metakognition bezeichnet die Auseinandersetzung mit den eigenen kognitiven Prozessen (zum Beispiel Gedanken, Meinungen, Einstellungen, Aufmerksamkeit, Kreativität). Weit verbreitet sind auch die Ausdrücke »Denken über das Denken« und »Wissen über das Wissen«. Metakognitionen umfassen zum einen das Wissen und zum anderen die Kontrolle (Überwachung und Selbstregulierung) über die eigenen Kognitionen.

Sollen metakognitive Strategien im Unterricht gefördert werden, muss zunächst überlegt werden, welche Aspekte geplant, überwacht und reguliert werden können.

Die Zielrichtung der Metakognitionen sind mehrere strategische Vorgänge und Kernprozesse der Selbststeuerung: Ressourcen, Ziele, Volition und kognitive Lernstrategien (Konrad, 2008).

1. Ressourcen: Ressourcen und deren Einsatz können metakognitiv gesteuert werden, d. h. sie können geplant, überwacht und reguliert werden. Als zentrale Ressourcen sind Zeit, Lernumgebung, Personen und Material anzuführen.
2. Ziele: Ziele spielen im Kontext selbstgesteuerten Lernens eine zentrale Rolle. Ziele können kurz oder langfristig formuliert werden. Für den Lernprozess sollte das Individuum kurzfristige Ziele ins Auge fassen und – auf dem Weg zu einem übergeordneten Ziel – Teilziele formulieren. Indem sie sich an kleinen Schritten orientiert, erkennt die lernende Person die Fortschritte, die sie macht, klarer. Grundsätzlich sind anspruchsvolle Ziele motivierender als zu niedrig gesteckte Ziele. Ziele sollten jedoch in jedem Fall erreichbar sein, damit sie nicht Frustration erzeugen, sondern das Individuum motivieren (Konrad, 2022).
3. Volition: Der Begriff »Volition« umfasst alle Prozesse der Umsetzung von Absichten in ein wirksames Handlungsprogramm durch willentliche Steuerung. Im Hinblick auf Lernen und Leistung sind drei Aspekte der willentlichen Steuerung besonders relevant: Aufmerksamkeit, Motivation und emotionales Erleben.
4. Lernstrategien: Gemeint sind Methoden und Verfahren, die es dem Individuum (bewusst oder unbewusst) ermöglicht, selbstgesteuert zu lernen. Nach den eingangs betonten Wandlungen in Wissenschaft und Gesellschaft, ist es eine zentrale Aufgabe unserer Schulen, den Schülerinnen und Schülern hilfreiche Strategien des Denkens und Lernens zu vermitteln. Die Anwendung tiefenorientierter Lernstrategien ist ein Anzei-

chen für qualitativ hochwertiges Lernen (Lompscher, 1994b).

Die genannten Konzepte stehen in Wechselwirkung. Beispielsweise werden die Zielsetzungen des Lernens davon bestimmt, wie viel Zeit der Person zur Verfügung steht. Vorgefasste Ziele beeinflussen wiederum die Motivation. Genauer formuliert hängt dies z. B. davon ab, wie realistisch die Ziele gesetzt wurden. Auch die Lernstrategien werden in Abhängigkeit von anderen Faktoren ausgewählt. Eine bedeutende Rolle spielen das zur Verfügung stehende Material und die individuelle Aufmerksamkeit. Es handelt sich hier um Interdependenzen, das heißt die Einflüsse weisen in beide Richtungen (Götz, 2006).

Konzepte der Lernumwelt

Wie in Abb. 1 (S. 20) dargestellt, spielt auch die Lernumwelt beim selbstgesteuerten Lernen eine tragende Rolle. Selbstregulation und erlebte Selbststeuerung stehen demnach in Verbindung mit konkreten Anforderungen der Lernsituation.

Das Lernsetting ist in erster Linie bestimmt durch den Lernort. Wenn zu Hause gelernt wird, spielt die Gestaltung des Arbeitsplatzes eine große Rolle. Dabei ist es für das Individuum wichtig, sich eine angenehme Atmosphäre zu schaffen, da diese das Lernen erleichtern kann.

Im Zuge des selbstgesteuerten Lernens gewinnen die Spielräume des handelnden Individuums eine zentrale Bedeutung (Mattes, 2018). Freiheitsgrade beziehen sich auf verschiedene Kategorien. Die folgende Tabelle zeigt Beispiele dafür.

Aktivität	Beispiel
Wahl der Lerninhalte	Im Biologieunterricht zum Thema »Tiere des Waldes« entscheiden die Fünftklässler selbst, ob sie sich mit den Lebensumständen des Fuchses, Rehs oder Hasen befassen.
Wahl des Anspruchsniveaus	In einer Lerntheke im Fach Englisch liegen Übungsaufgaben aus, deren unterschiedlicher Schwierigkeitsgrad gekennzeichnet ist. Wer in der folgenden Klassenarbeit eine Eins oder eine Zwei erreichen will, konzentriert sich auf die anspruchsvollen Aufgaben.
Wahl des Lerntempos	Mit der Methode »Lerntempoduett« suchen sich die Schüler*innen Partner zur Besprechung eines Arbeitsergebnisses aus, die genauso lange für die vorherige Bearbeitung gebraucht haben wie sie selbst. Die Methode erzeugt ein hohes Maß an Schüleraktivität. Stress und Ängste werden abgebaut: Der Druck, immer zu einer bestimmten Zeit Aufgaben bewältigen zu müssen, wird den Schüler*innen genommen (Mattes, 2018, S. 52 f.).
Wahl des Lernprodukts	In einer anstehenden Präsentationsrunde wählen einige Schüler*innen die Form einer Mind Map zur Visualisierung ihrer Ergebnisse, andere erstellen eine Tabelle und wieder andere bereiten ihre Präsentation mit Hilfe einer Computersoftware vor.

Wichtig im Sinne zentraler Elemente einer Lernumwelt sind ferner Möglichkeiten der Unterstützung. Dabei handelt es sich zum einen um Personen, Arbeitsgeräte und Hilfsmittel, die zum Lernen benötigt werden (z. B. Lehrpersonen, Mitlernende, Stifte, Lineal, Taschenrechner, Wörterbücher, digitale Endgeräte). Zum anderen rücken Instruktionsmaßnahmen zum jeweiligen Lerngegenstand in den Vordergrund (z. B. Zeit- und Arbeitspläne, Übersicht zu möglichen Lernstrategien). Bezüglich der beschriebenen Umweltaspekte (Personen, Material, Instruktion) trifft wohl die Feststellung zu, dass sich kaum eine allgemeingültige optimale Gestaltung der Lernumgebung empfehlen lässt. Vielmehr sollten Lernumwelten je nach Situation und Lernvoraussetzungen individuell und flexibel gestaltet werden (Götz, 2006).

3.3 Resümee: Was können Sie aus diesem Kapitel mitnehmen?

Selbstgesteuertes Lernen ist ein aktiver und konstruktiver Prozess, der drei Dimensionen umfasst: Selbstregulation, erlebte Selbststeuerung und Handlungsspielräume. Im Rahmen der Selbstregulation dient das Zusammenspiel dreier wesentlicher Komponenten – Kognition, Motivation und Metakognition – dazu, das Lernen zu steuern. Besonderes Augenmerk richtet sich bei der Betrachtung der Selbstregulierung auf Metakognitionen. Weit verbreitet ist deren Umschreibung als »Denken über das Denken« und »Wissen über das Wissen«. Metakognitionen zielen auf mehrere strategische Vorgänge und Kernprozesse der Selbststeuerung: Ressourcen, Ziele, Volition und kognitive Lernstrategien (Konrad, 2008).

Die dargestellten Dimensionen des lernenden Individuums stehen in einer wechselseitigen Beziehung.

Neben personalen Fähigkeiten und Strategien kommen Aspekte der Lernumgebung zur Sprache. Als zentrale Facetten einer Lernumwelt sind Aufgaben, Materialien sowie Möglichkeiten der Unterstützung zu nennen. Dabei handelt es sich zum einen um Arbeitsgeräte und Hilfsmittel, die zum Lernen benötigt werden, zum anderen um Instruktionsmaßnahmen im Hinblick auf den jeweiligen Lerngegenstand, die das Lernen erleichtern (z. B. Zeit- und Arbeitspläne, Hinweise auf mögliche Lernstrategien).

Bezogen auf die genannten Umweltaspekte (Lernumgebung, Personen, Material) empfehlen Experten keine allgemeingültige optimale Gestaltung der Lernumgebung. Lernumwelten sollten je nach Situation und Möglichkeiten individuell und flexibel gestaltet werden (Götz, 2006).

4 Selbstgesteuertes Lernen und intelligentes Wissen fördern: Lehrer*innen gestalten innovative Lernumgebungen

Selbstgesteuertes Lernen ist nicht nur Gegenstand gezielter, ausgewiesener Fördermaßnahmen, sondern zählt auch zu den Aufgaben der täglichen Unterrichtsgestaltung. Von (meta)kognitiven und emotional-motivationalen Strategien sowie Überzeugungen werden positive Konsequenzen erwartet. Inwiefern begünstigen Aspekte der Selbststeuerung den Aufbau qualitativ hochwertigen und intelligenten Wissens? Was ist typisch für innovative Lernumgebungen? Welches sind die Aufgaben der Lehrperson?

4.1 Merkmale innovativer Lernumgebungen

Wie selbstgesteuertes Lernen und zugleich qualitativ hochwertiges Wissen gefördert werden kann, wird von zahlreichen Experten aus Wissenschaft und Praxis diskutiert. Theoretisch maßgeblich dafür sind gemäßigt konstruktivistische Vorstellungen: Lernen gilt demnach als aktiver, konstruktiver, kumulativer und zielorientierter Prozess, der in bestimmten Kontexten abläuft und metakognitiv gesteuert wird.

Wenn es darum geht, den aktiven Aufbau intelligenten Wissens und den fundierten Umgang mit anspruchsvollen Aufgaben anzuregen, stellen sich drei Ansätze als besonders erfolgversprechend heraus: (1) Problemorientiertes Lernen, (2) kooperatives Lernen und (3) Fading (allmähliches Zurückziehen des Lehrenden). Letztgenanntes zählt zu den Kernelementen und Erfolgsgaranten der Kognitiven Meisterlehre.

Problemorientiertes Lernen

Lehrerinnen und Lehrer gestalten den Unterricht problemorientiert. Zu diesem Zweck räumen sie Schüler*innen vielfältige Möglichkeiten ein, sich mit der Lösung realer Probleme zu beschäftigen. Im Idealfall weisen Lernaufgaben oder Materialien typische Attribute auf: sie sind komplex, realistisch und herausfordernd (Könings, Saskia & van Merriënböer, 2005). Davon ausgelöste geistige Operationen – d. h. aktive und konstruktive Lernvorgänge – erfordern nach Aebli (1963) einen innerlichen Mitvollzug seitens der Lernenden. Mentale Prozesse müssen aktiv in problemhaltigen Situationen in einem Prozess selbsttätigen Suchens vom lernenden Individuum aufgebaut werden und können nicht in einem ausschließlich darbietenden Unterricht vermittelt werden. Sie sind außerdem von erworbenen Automatismen (Gehen, sportliche Bewegung) abzugrenzen (Aebli, 1963).

Ein Beispiel für eine ansprechende Lernumgebung ist das Konzept der problemorientierten Didaktik (Euler & Hahn, 2004). Bei diesem Ansatz übernimmt die Lehrperson mehrere Aufgaben:

1. Lernen verstehen: Die Lehrenden wissen idealerweise, wie erfolgreiches Lernen zustande kommt. Auf dieser Basis ist es notwendig, Lernumgebungen ansprechend zu gestalten und adäquate Hilfestellung zu geben sowie das Lernniveau und die Lernziele zu spezifizieren.

2. Lernen anleiten: Die Instruktion der Lehrenden sollte Spielräume für verschiedene Möglichkeiten des effektiven Lernens lassen, da nicht jeder Lernende in gleicher Weise lernt.
3. Kommunikation strukturieren: Für die Lehrperson ist es wichtig, während der Gestaltung ihrer Instruktion zweierlei zu berücksichtigen: sowohl die Kommunikation mit den Lernenden als auch die Kommunikation und Kooperation zwischen den Lernenden.
4. Eigenes Handeln reflektieren: Lernende sind angehalten, über ihr eigenes Lernverhalten nachzudenken, um das Wissen nachhaltig aufrechtzuerhalten und Qualitätsstandards gerecht zu werden.

Kooperatives Lernen

Eine weitere Option, um aktive Prozesse der Wissenskonstruktion zu stimulieren, ist die Arbeit und das Lernen in Kleingruppen. Schüler*innen nehmen an kollaborativen Projekten teil und erhalten reichlich Gelegenheiten zu Interaktion und Kommunikation (Könings et al., 2005). Den Wert solcher kooperativer Initiativen betonte bereits der griechische Philosoph Sokrates (469–399 v. Chr.), der seinen Zeitgenossen die Bedeutung von Dialog und Diskussion für den Wissensaufbau erklärte. In den letzten Jahrzehnten hat die Zusammenarbeit bei der Wissenskonstruktion, das sogenannte kollaborative Lernen, erneut Interesse geweckt. Im Rahmen der dadurch geweckten Interaktions- und Verhandlungsprozesse erhalten die Schüler*innen eine aktive und konstruktive Rolle im Lernprozess. Die Beispiele und Anwendungen in Abschnitt 4.2 können dies unterstreichen.

Fading

Eine zentrale Rolle im Hinblick auf die Gestaltung aktivierender Lernumgebungen und die Förderung von Selbststeuerung spielt die schrittweise Übertragung der Verantwortung für die Lernprozesse von den Lehrenden auf die Lernenden, das Fading (von engl. *fading* ›Nachlassen‹). Die Kontrolle geht in Phasen von der Lehrperson auf ihre Schüler*innen über. Wertvolle Hilfen auf diesem Weg der Veränderung vom Lehren zum Lernen erhalten Lehrende durch Prinzipien des prozessorientierten Lernens (Simons, 1992) und die Kognitive Meisterlehre (Collins, Brown & Newman, 1989; siehe Abschnitt 4.3). Beide Ansätze gehen davon aus, dass selbstgesteuertes Lernen nicht automatisch durch die Reduktion externer Lernimpulse eintritt.

Simons fasst in seiner Vorstellung von »Prozessorientierung« deshalb fünf Eigenschaften einer »guten« Lehrkraft zusammen und ordnet diesen spezifische didaktische Tätigkeiten und Aufgaben zu: (1) Vorbereitung des Lernens, (2) Ausführen von Lernhandlungen, (3) Handlungsregulation, (4) Leistungsbewertung und (5) Aufrechterhaltung von Konzentration und Motivation. Dabei ist es nicht wichtig, wer diese Handlungen ausübt; sie können also auch von den Lernenden selbst übernommen werden.

Kompetent umgesetzt, befähigt ein prozessorientierter Unterricht die Lernenden, die schrittweise vom Lehrer bzw. der Lehrerin übernommenen Tätigkeiten eigenständig auszuüben.

Während die Verantwortung der Lehrperson zurückgeht und sich auf den zeitweiligen Einsatz von Hinweisreizen (Prompts) beschränkt, wächst die Verantwortung des

Schülers oder der Schülerin (Könings et al., 2005). Am Ende steht für das lernende Individuum die Fähigkeit und Bereitschaft, selbstgesteuert zu lernen. Die Beteiligten sind in der Lage, ihr eigenes Lernen – ohne Hilfe anderer Instanzen – zu steuern und zu kontrollieren (Simons, 1992). Ein alternatives Konzept der Unterrichtsorganisation, welches aktives und konstruktives Lernen unterstützt und die Leitprinzipien des prozessorientierten Lernens aufgreift, ist der Sandwich-Unterricht.

4.2 Unterrichtsorganisation nach dem Sandwich-Prinzip

Was bedeutet Sandwich-Prinzip?

Definition: Sandwich-Prinzip

Entscheidend beim Sandwich-Prinzip ist der systematische, mehrfache Wechsel von kollektiven Phasen der Wissensaufnahme einerseits und der individuellen Wissensverarbeitung andererseits, so dass ein mehrschichtiges »Sandwich« entsteht.

Die Auswahl der einzelnen Methoden orientiert sich an den jeweiligen Lernanliegen. Je nach Zielsetzung eines Lernarrangements und nach Lernfortschritt der Schülerinnen und Schüler bietet eine Sandwich-Architektur eine Vielzahl von Möglichkeiten. So haben Methoden wie Partnerinterview, Pro und Contra, Rollenspiel, kontrollierter Dialog usw. darin genauso ihren Platz wie Lehrervortrag, Präsentationen oder Schülerreferate.

Lehrerorientierter Unterricht und eine anhaltende direkte Unterweisung bergen Risiken, insbesondere eine Verlangsamung oder Störung des Lernens durch externe Aufforderungen und die Entstehung von »trägem Wissen«. Lernende wissen vielleicht, wie eine gewünschte Handlung geht, doch sie können sie nicht ausführen: Nicht anwendbares, träges Wissen hat sich bei ihnen angesammelt.

Das »Sandwich« verspricht hier Lösungen. Vorliegende positive Befunde zur Unterrichtsorganisation empfehlen, das Sandwich-Prinzip als Rahmen für selbstgesteuerte Unterrichtsprojekte zu nutzen (Traub, 2012).

> »Eine auf der Grundlage des Sandwich-Prinzips aufgebaute Lernumgebung unterstützt selbstgesteuertes Lernen, fördert Metakognitionen und Reflexivität, steigert kommunikative wie metakommunikative Kompetenzen und erleichtert die Integration von Denken, Fühlen und Agieren.« (Wahl, 2006, S. 211)

In Einklang mit dem gemäßigten Konstruktivismus betonen Befürworter der Sandwichorganisation, dass es Sachverhalte gibt, die sich durch Instruktion schneller und einfacher vermitteln lassen als durch offene Arbeitsphasen. Typisch für diese Denkrichtung ist demnach die Vereinbarkeit von Instruktion und Konstruktion (Konrad & Bernhart, 2017).

Was sind die zentralen Elemente des Sandwich-Unterrichts?

Das Sandwich-Prinzip ist ein planvoll hergestelltes Arrangement, in dem den Lernenden einerseits eine aktive Auseinandersetzung mit den vermittelten Inhalten ermöglicht wird, in dem ihnen jedoch andererseits thematische und lernstrategische Orientierungen angeboten werden. Seine Realisierung setzt eine klare Strukturierung der ablaufenden Lernprozesse voraus. Typischerweise lassen sich folgende Phasen unterscheiden:

1. *Einstiegsphase:* Der/die Lernende benötigt zu Beginn eine Übersicht zur anstehenden Lerneinheit, damit er sich darauf einstellen und vorhandene Kenntnisse aktivieren kann. Wesentliche Komponenten sind: Transparenz schaffen durch eine Agenda oder das Erfassen von Interessen sowie Vorkenntnissen. Dies kann im Rahmen eines informierenden Einstiegs, eines Advance Organizers etc. erfolgen.
2. *Lernphase 1:* Es folgt eine Phase der Vermittlung; der/die Lernende erhält einen Wissens-Input.
3. *Lernphase 2:* Es wird eine Arbeitsaufgabe für die Phase der subjektiven Auseinandersetzung erteilt; der/die Lernende soll sich mit dem erfolgten Input auseinandersetzen. Dies kann in Einzelarbeit wie auch in Kleingruppen stattfinden. Alle Methoden sollten sich an einer konkreten Zielstellung orientieren.
4. *Lernphase 3:* Nun steht die kollektive Vermittlung im Vordergrund, z. B. durch Diskussion und wechselseitige Information in Kleingruppen.

5. *Lernphase 4:* Es schließt sich eine Phase subjektiver Auseinandersetzung an. Die Bedeutung und Anwendung der Lerninhalte wird persönlich durchschaut.
6. Weitere Vermittlungs- und Auseinandersetzungsphasen können folgen, bis der Lerninhalt komplett bearbeitet ist.
7. *Ausstiegsphase:* Der Ausstieg aus dem Lernsandwich erfolgt in der Schule sehr oft im Rahmen einer Ergebnissicherung. Denkbar sind aber auch die Bearbeitung von Transferaufgaben oder Feedback-Aktivitäten. Vier Komponenten sind daher für den Ausstieg wesentlich:
   - Inhaltlichen Abschluss durch Schließung von Lernlücken, Klärung von Fragen oder Vertiefung von Verständnis erreichen.
   - Transfer des erarbeiteten Wissens anbahnen.
   - Zur Reflexion über die gelernten Themen anregen.
   - Emotionale Verarbeitung unterstützen.

Nachfolgend werden die Freiräume der Schüler*innen und die Aufgaben der Lehrperson genauer beleuchtet. Es soll deutlich werden, wie die Sandwichorganisation selbstgesteuertes Lernen fördern kann.

Was ist am Lernen nach dem Sandwich-Prinzip selbstgesteuerte Schülerarbeit?

Der äußere Rahmen der Lernprozesse wird von der Lehrkraft bestimmt. Ungeachtet solcher Vorgaben finden gewaltige Umbau- bzw. Umlernprozesse statt. Schülerinnen und Schüler sind angehalten, aktiv Lernhinhalte zu bearbeiten und verfügbare Freiheitsgrade zu nutzen.

Die Art und Weise, wie der Lernstoff zur Erarbeitung und Vertiefung dargeboten wird, regt die Schüler*innen an, eigenverantwortliche Entscheidungen für ihr Lernhandeln zu treffen. Schon bei der Wissensaneignung sind sie angehalten, bestimmte Strategien zu nutzen. Später müssen sie zum Beispiel gemeinsam in ihrer Gruppe festlegen, in welcher Form und in welchem zeitlichen Ablauf sie was und wie von den gestellten Aufgaben erledigen wollen. Die Schüler*innen erhalten Gelegenheiten, individuell zu überprüfen, ob sie etwas schon gut genug können und wie sie sich weiteres Wissen und Kompetenzen aneignen können. Mit anderen Worten: Der Aufbau von Lernkompetenzen beginnt (Haas, 2011). Die Teilnehmenden knüpfen an das bisherige Handeln und Wissen an; sie nutzen Möglichkeiten zum Austausch von wissenschaftlichen und subjektiven Theorien.

Nach alledem können gut gewählte und bewusst verwendete schüleraktive Lernschritte als Herzstück des Sandwich-Prinzips verstanden werden. Es handelt sich um die Erweiterung eines traditionellen lehrerbezogenen Unterrichts. Entscheidend ist – in Einklang mit dem Gedanken der Selbststeuerung – eine aktive Informationsaneignung. Phasen der Aktivierung umfassen eine Bandbreite von selbstgesteuerten Handlungen.

»Aktivierung« meint in diesem Zusammenhang alle beschreibbaren Maßnahmen, die dazu dienen, dass sich Lernende produktiv oder reproduktiv mit den interessierenden Inhalten auseinandersetzen.

Zum Nachdenken: Aktivierung im Unterricht

Denken Sie über Aspekte der Aktivierung nach, die Sie in Lerngruppen häufig beobachten können. Gibt es Lösungen?

- Es melden sich immer wieder die gleichen Teilnehmer. – »Wie kann ich diese ausbremsen, ohne dass sie frustriert sind?«
- Es meldet sich gar niemand. – »Habe ich die falsche Frage gestellt, oder wollen die einfach nichts sagen?«
- Im Lehrer-Schüler-Dialog. – »Wie kann ich meine Gesprächsimpulse verbessern? Wie kann ich durch meine Fragen tiefes Lernen anregen?«

Was ist die Aufgabe der Lehrperson in der Sandwich-Organisation?

Wie muss die Vermittlung beschaffen sein, wenn tiefergehendes Lernen unterstützt werden soll? Welche Hilfen können zur Anwendung kommen?

(1) Eine erste unterstützende Methode und Basis einer gelungenen Lerneinheit kann ein Advance Organizer sein. Der Unterricht beginnt dann mit einer Präsentation (Konrad & Bernhart, 2017). Beispielsweise berichtet die Lehrperson im Fach Geschichte ihre Kenntnisse zur Pharaonenzeit in Ägypten und referiert über neuere Ausgrabungen. Parallel zum mündlichen Vortrag veranschaulicht sie zentrale Fakten und Zusammenhänge mit anderen Themen.

Im Kern präsentiert der Advance Organizer in kompakter, übersichtlicher und verständlicher Form wesentliche neue Inhalte und Zusammenhänge z. B. einer Unterrichtseinheit, so dass die Lernenden bereits vor der Erarbeitung des Stoffs einen ersten Überblick über die Struktur und die Kernelemente des Themas bekommen. Durch das Zusammenfügen von Begriffen, Bildern, kurzen Texten, Grafiken usw. entsteht eine Art Lernlandkarte. Wie in Abschnitt 5.1 nachzulesen ist, kommt das Instrument auch bei der direkten Förderung der Selbststeuerung zum Einsatz.

(2) Ein zweites Werkzeug der Vermittlungsphase ist das Lernen durch Lehren. Es zeichnet sich dadurch aus, dass Lernende wesentliche Aufgaben der Informationsvermittlung übernehmen.

Zu den Verfahren, die dieses Prinzip ins Zentrum rücken, gehört das »Wechselseitige Lehren und Lernen« (WELL), das hier am Beispiel des Gruppenpuzzles (Konrad, 2022; Bernhart & Konrad, 2010, 2018) veranschaulicht werden soll.

Gruppenpuzzle – Beispiel für das Sandwich

Die Methode ist für Gruppenarbeiten geeignet, in denen es um den Erwerb von Wissen durch gegenseitiges Lehren geht. Sie orientiert sich unverkennbar am Experten-Novizen-Paradigma der Instruktionsforschung.

Mit diesem Verfahren können zahlreiche neue Inhalte eingeführt oder vertieft werden, wobei alle Teilnehmenden von dem »Expertenwissen« der Gruppenmitglieder profitieren. Typisch sind vier Phasen des Lernens:

1. *Aneignungsphase (Stammgruppe)*. Es beginnt mit der Informationsaneignung und -erarbeitung in den Stammgruppen; die Mitglieder entscheiden sich selbst für ein

Unterthema. In den unterschiedlichen Kleingruppen wird Wissen erarbeitet und präsentiert. Ausgehend von der Stammgruppe erhält jeder Teilnehmende die Verantwortung für ein bestimmtes Unterthema, das in der Expertengruppe erarbeitet und präsentiert wird.

2. *Phase der Vertiefung* der Informationen *(Expertengruppe)*. An den Expertengruppen nehmen Personen mit gleichem Unterthema teil. Die Akteure vertiefen das zuvor erarbeitete Wissen. Darüber hinaus übernehmen sie eine wichtige Funktion: Sie planen, wie sie ihr Wissen zu ihrem Thema später vermitteln wollen.
3. *Phase des Austausches und der Vermittlung (Puzzlegruppe)*. Die Experten präsentieren ihr Thema in einem »gemischten« Gremium; sie setzen das Gesamtthema wie ein Puzzle zusammen. Das Wesen der Informationsvermittlung dieser kooperativen Lernsequenz besteht darin, dass Expert*innen (für andere Personen) eine Lern-Dienstleistung bieten (Haas, 2011). Der Experte bzw. die Expertin eines Wissensgebietes erhält von den Fachleuten anderer Spezialgebiete eine strukturierte Lernhilfe in Gestalt einer Visualisierung des neuen Lernstoffs, eine Zusammenfassung, die wichtigsten Begriffe, Übungsfragen mit Lösungen. Es handelt sich hier um hilfreiche Materialien für das weitere Lerngeschehen.
4. *Gemeinsame Bearbeitung und Vertiefung*. In einer vierten Phase werden die vorliegenden Inhalte und Fähigkeiten anhand neuer Aufgaben, die gemeinsam bearbeitet werden, vertieft, gefestigt und auf andere Anwendungsbereiche übertragen *(Transfer)*. Optional kann eine Klärung von Fragen im Plenum stattfinden. Schließlich kann die Lehrperson auch eine Kontrolle des Wissensstandes durchfüh-

ren, etwa mittels der Ampelmethode (Bernhart & Konrad, 2010). Das Ampel-Feedback (mittels farbiger Karten) lässt sich neben dem Abfragen von Meinungen, Haltungen und persönlichen Sichtweisen auch für gemeinsame Entscheidungen oder Klärungsprozesse nutzen.

In günstigen Fällen gelangen die Beteiligten in einer Sandwichsequenz zu einer wachsenden Expertise; sie erreichen eine hohe Vernetzung der Lerninhalte und sind in der Lage, im Unterricht erworbenes Wissen in der Praxis zu nutzen.

4.3 Kognitive Meisterlehre

Eine interaktive Lehr-Lern-Umgebung, welche das Individuum in besonderem Maße ernst nimmt, ist die Kognitive Meisterlehre (*cognitive apprenticeship*).

Das Cognitive Apprenticeship basiert auf einer Meister-Lehrling-Beziehung und kommt vor allem in der Berufslehre zum Einsatz. Mit der Übertragung dieses didaktischen Musters auf das schulische Umfeld sollen vor allem Lernstrategien vermittelt und gefördert werden (Sibilia, 2017).

Maßgeblich bestimmt werden Anleitung und Begleitung seitens der Lehrperson von kognitionspsychologisch begründeten Maßnahmen. Dazu zählen:

1. *Modeling*. Am Anfang stehen explizite und external regulierte Maßnahmen der Lehrperson. Sie vermittelt den Schüler*innen an einem Modell, wie sie schrittweie die Kontrolle über ihre eigenen Lernprozesse erlangen können.
2. *Scaffolding*. Danach sollen die Lernenden die einzelnen

Arbeitsschritte selbstständig mit Hilfestellung (= didaktisches Gerüst) der Lehrenden selbst durchführen.
3. *Fading.* Mit zunehmender Kompetenz der Lernenden nimmt die Unterstützung durch die Lehrenden immer mehr ab.
4. *Coaching.* Die Lehrenden beobachten den Lernprozess der Schüler*innen genau und geben bei Bedarf adäquate Hilfestellungen.

Abhängig von den bestehenden Lernvoraussetzungen sieht die Meisterlehre eine ausgeprägte Unterstützung durch die Lehrperson vor. Als Leitlinie für den Fortgang des Lernens fungiert das Scaffolding-Prinzip (von engl. *scaffold* ›Gerüst‹). Nach Maßgabe des Fading wachsen Selbststeuerung und -bestimmung der Lernenden an, Maßnahmen der Fremdsteuerung gehen zurück (Euler & Hahn, 2004). Fading zeigt die veränderte, eher moderierende Rolle der Lehrenden. Die folgende Tabelle ergeänzt die bislang präsentierten Kernelemente der Meisterlehre und bindet sie in einen typischen Unterrichtsablauf ein.

Instrumente	Hauptfunktionen
Aktivierung des Vorwissens	Die Schülerinnen und Schüler sollen vorab über ihre bisherigen Lernstrategien nachdenken und versuchen, diese in Worte zu fassen. Der nachfolgende Austausch mit anderen Lernenden und das Aufzeigen von Chancen und Grenzen der bereits eingesetzten Lernstrategien der Klasse ist eine wichtige Grundlage für die vertiefte Auseinandersetzung mit Lernstrategien.

Vermittlung durch Modeling und Scaffolding	Die Lehrperson erklärt zuerst den Nutzen, die Anwendung und das Ziel der Lernstrategie. Anschließend macht sie an Beispielen vor, wie die Strategie genau funktioniert (Modeling). Dabei hat es sich bewährt, wenn die Lehrperson laut denkt. Während der folgenden Übungen in der Klasse gibt die Expertin bzw. der Experte Hilfestellungen, unterstützt, ermuntert und greift allenfalls korrigierend ein (Scaffolding).
Fading / Einüben und Automatisieren	Es schließt sich eine Phase an, in der die Freiheitsgrade wachsen (Fading). Die neue Lernstrategie wird gezielt geübt und vor allem automatisiert. Damit Gewohnheiten entstehen, ist es wichtig, die Lernstrategie häufig, aber nicht zu lange einzusetzen. Die Lernenden sollen außerdem zum lauten Denken, also zu Selbstgesprächen, angehalten werden. Eine andere motivierende Möglichkeit, das Verbalisieren zu fördern, sind Formen des kooperativen Lernens.
Regelmäßige Reflexionsphasen	Durch das Nachdenken über den Lernprozess und den Nutzen der Lernstrategie wird das prozedurale Strategiewissen verbessert. Aus neuen Einsichten können hilfreiche Konsequenzen für den zukünftigen Einsatz gezogen werden.

Transfer-übungen	Ist das Ziel erreicht, verfügen die Schüler*-innen über ein Repertoire an Lernstrategien. In günstigen Fällen sind die Lernenden in der Lage, in konkreten Situationen selbstständig eine passende Lernstrategie auszuwählen und anzuwenden. Eine systematische Variation von Aufgaben und Inhalten wird den Transfer fördern.

Vor der Anwendung der Kernelemente der Meister-Lehrlings-Methode empfiehlt es sich, dass alle Beteiligten (z. B. Lehrkräfte sowie Schulleitung) ihre Möglichkeiten und Grenzen im Rahmen des regulären Unterrichts eingehend diskutieren. Gegenstand der Gespräche sind sowohl der zeitliche Umfang als auch die graduelle Einbettung in einen fachorientierten Schulunterricht (Sibilia, 2017). Die Chancen für eine sinnvolle Balance aller Interessen stehen allerdings gut. Wie die Beispiele zahlreicher innovativer Förderprogramme weltweit nahelegen, sind mehr und mehr Kolleg*innen bereit, die hier besprochenen pädagogisch-psychologischen Werkzeuge in ihrem Unterricht zu erproben.

4.4 Weitere Kernaufgaben der Lehrperson

Abseits der bislang genannten Aufgaben im Rahmen des Sandwich-Unterrichts, des WELL oder der Kognitiven Meisterlehre kommen auf die Lehrperson im selbststeuerungsoffenen Unterricht zentrale Aufgaben zu. Damit einhergehend haben sich bestimmte Fähigkeiten, Haltungen und Einstellungen als wertvoll herausgestellt.

Die Lehrperson agiert als selbstgesteuert handelndes Individuum

Will die Lehrperson selbstgesteuertes Lernen vermitteln oder sogar fördern, ist es hilfreich, wenn sie selbst über entsprechende Strategien und Wissenselemente verfügt (Paris & Winograd, 2003). Zumindest vier Gründe sprechen für diese Empfehlung (Götz, Frenzel, Dresel & Pekrun, 2017):

1. Neuere Studien zur Belastung im Lehrerberuf liefern besorgniserregende Ergebnisse. Hohe Anforderungen, große Klassen, Leistungsdruck durch Output-Orientierung und anderes mehr lassen es notwendig erscheinen, die eigenen Ressourcen zu aktivieren und nach Möglichkeiten der Prävention Ausschau zu halten (z. B. Burnout-Prävention; Götz et al., 2017). Hier setzen die Kompetenzen der Selbst- und Handlungsregulation an: Planung und Monitoring von Zeitressourcen sowie Fähigkeiten zur Emotionsregulation leisten einen bedeutenden Beitrag zur Lehrergesundheit.
2. Heute kann niemand mehr erwarten, in der Jugendzeit so viel Wissen anzusammeln, dass es für ein ganzes Leben reicht. Davon ausgehend sind Lehrende angehalten, nach den Prinzipien des prozessorientierten Lernens ihre Kontrolle in Teilen auf die Lernenden zu übertragen. In Lernumgebungen, die Eigenverantwortung und Selbstinitiative verlangen, sollten sich die Schüler*innen bes-

ser auf komplexe zukünftige Herausforderungen vorbereiten können.
3. Selbstgesteuertes korrespondiert mit lebenslangem Lernen. Beide Perspektiven des Lernens sind für Lehrkräfte vor allem deshalb hoch relevant, weil es ihre Aufgabe ist, Schüler*innen ein mündiges und erfolgreiches Leben in dynamischen, komplexen Gesellschaften zu ermöglichen. Auf sich wandelnde Anforderungen adäquat reagieren zu können stellt eine der Kernkompetenzen im Lehrerberuf dar. Nicht nur den Lernenden, auch den Lehrenden wird abverlangt, dass sie neugierig und lernwillig bleiben. Sie sollen Menschen sein, die jeden Tag bereit sind, mit und von ihren Schüler*innen Neues zu lernen und die bestehende Praxis infrage zu stellen.
4. Hohe individuelle Selbststeuerungskompetenz erleichtert auch den Umgang mit diagnostischen Instrumenten. Lehrende sehen sich (z. B. mit Hilfe von Lerntagebuch, Portfolio und lautem Denken) in der Lage, die selbstregulatorischen Aktivitäten der Schüler*innen zu erkennen und einzuordnen (Paris & Winograd, 2003). Die Basis für gezielte Interventionen ist damit gelegt.

Wie die vorgelegten Argumente nahelegen, ist es für Lehrkräfte von Vorteil, wenn sie selbstgesteuertes Lernen nicht nur bei ihren Schüler*innen, sondern auch bei sich selbst entwickeln. Die raschen Veränderungen in unserer Welt verlangen, dass Angehörige pädagogischer Berufe ihre Kenntnisse und Fähigkeiten ständig erweitern und auf den neuesten Stand bringen. Lebenslanges Lernen ist entscheidend für die Fähigkeit, sich an veränderte berufliche Anforderungen anzupassen.

Zum Nachdenken: In welchen Bereichen können Sie sich weiterentwickeln?

Wie beurteilen Sie Ihre Kompetenzen zum selbstgesteuerten Lernen im Hinblick auf Ihren Unterricht?

- Setzen Sie sich im beruflichen, aber auch im privaten Kontext konkrete Ziele? Falls ja: Sind diese in der Regel angemessen oder eher zu hoch bzw. zu niedrig angesetzt?
- Kennen Sie Ihre Stärken und Schwächen hinsichtlich strategischer Aktivitäten? Wie verläuft beispielsweise Ihre Unterrichtsvorbereitung?
- Können Sie gut planen? Überwachen Sie regelmäßig Ihre Pläne? Regulieren Sie rechtzeitig, wenn Sie merken, dass Dinge nicht optimal verlaufen?
- Wie schätzen Sie insgesamt Ihre Kompetenzen als selbstgesteuert Lernende*r auf einer Skala von 1 (geringe Kompetenz) bis 5 (hohe Kompetenz) ein? Sind Sie mit diesem Wert zufrieden? Welchen Wert streben Sie (realistisch) an? (Götz et al., 2017).

Die Lehrperson betrachtet und fördert individuelle Lernprozesse und -strategien

Aus der aktuellen Lehr-Lernforschung resultieren einige Anregungen für notwendige Initiativen und Aktivitäten der Lehrperson im Unterricht. Von besonderem Interesse ist dabei die differenzierte Lernförderung.

Hauptaufgabe der Lehrperson in einem selbststeuerungsoffenen Unterricht ist ein möglichst individuelles Training. Eine dazu passende Lernumgebung erfordert neue Aufgaben und Rollen sowohl seitens der Lehrperson wie auch für die Schülerinnen und Schüler. Die notwendigen Aktivitäten lassen sich gut am Verlauf eines typischen Unterrichts veranschaulichen:

- Am Anfang einer Lernsequenz bedarf es einer intensiven Unterstützung und Anleitung durch die Lehrperson, da die Lernenden zumeist nur wenig in der Lage sind, eigenverantwortlich ihr Lernen zu regulieren.
- Mit fortschreitender Kompetenzentwicklung wird den Lernenden sukzessiv die Verantwortung für den eigenen Lernprozess übertragen und die Lehrperson agiert zurückhaltender; sie relativiert ihre Rolle als Anleiterin und wird zur Moderatorin des Lernens der Schülerinnen und Schüler.
- Mehr und mehr werden Lernende in das Unterrichtsgeschehen handelnd einbezogen und zu Mitgestaltern des gemeinschaftlichen Lernens (Ehlert, Maag Merki & Werner, 2011). Eine konsequente Schüleraktivierung ist zentral für die von Bildungsexperten zunehmend geforderte Lern- und Begabungsförderung.

Besonders betroffen von den genannten Entwicklungen ist die Qualität des Lehrer-Schüler-Dialogs. Die kompetente Lehrkraft macht Lehr-Lernprozesse transparent und formuliert angemessenes, d. h. konstruktives Feedback (siehe S. 53 ff.).

Im Zuge der Bearbeitung einer Aufgabe bietet die Lehrkraft persönliches Coaching an, das keinesfalls trivial ist, sondern komplexe Aktivitäten umfasst. Erfolgreiche Lehrer*innen

- haben eine gute Auffassungsgabe,
- sind offen für die Bedarfe der Lernenden,
- reagieren empathisch,
- verfügen über fundierte Vorstellungen zu den psychologischen Grundlagen der Entwicklung ihrer Schüler*-innen.

Die Notwendigkeit des individuellen Coachings wurde bereits in Verbindung mit den Phasen der Kognitiven Meisterlehre thematisiert (siehe Abschnitt 4.3).

Die Lehrperson macht Lernen sichtbar

John Hattie (2015) sieht die Lehrperson als Regisseurin, die eine klare Vorstellung davon hat, welche Resultate Unterricht und Lernprozesse genau hervorbringen sollen und auf welchen Wegen die Lernenden dorthin gelangen können. Sie kennt den Leistungsstand und das Lernvermögen ihrer Kinder oder Jugendlichen und ermutigt sie dazu, ihre Potenziale optimal zu entwickeln. Wie in einem Theater die Schauspieler*innen ausschlaggebend sind und in einem Orchester die Musiker*innen kommt die Performanz dafür von den Lernenden selbst.

Will die Lehrperson diese Leistungen hervorheben und unterstützen, stehen ihr verschiedene Strategien zur Verfügung.

(1) Erstens können Visualisierungen des Lernens im Unterricht wertvolle Dienste leisten (Konrad & Bernhart, 2017). Zu erwähnen ist der Einsatz von Mind Map, Konzept-Map und Advance Organizer. Bei der Anwendung von Konzept- und Mind Maps im Sinne von Organisations- oder Elabora-

tionsstrategien erhalten Lernende die Chance, neue Inhalte oder Themen mit vorhandenen Wissensbeständen zu vernetzen. Dies alles geschieht im Rahmen einer konstruktiven Lehrer-Schüler-Beziehung. Um die Qualität des Unterrichts zu stärken, sind Lehrkräfte angehalten, ihre Beziehungsarbeit zu den Schüler*innen zu verbessern und ihre didaktisch-methodischen Kompetenzen zu erweitern (Literacy GAINS, 2008).

(2) Ein zweites Hilfsmittel, das dazu beitragen kann, »Lernen sichtbar zu machen«, geht mit einer positiven Veränderung von Metakognitionen einher:

> »Metacognition is a powerful phenomenon that enables students to set goals, plan, problem solve, monitor progress, and evaluate their own thinking effectiveness. It provides the means for adolescents to oversee thinking as it happens, to determine what they know, to appraise what they need to know, and to orchestrate what they should do in a learning situation.« (Beamon, 2001; Literacy GAINS, 2008)

Der Aufbau metakognitiver Strategien – und damit ein zentrales Anliegen des selbstgesteuerten Lernens – geschieht, wenn Schüler*innen ihre Lernprozesse und -ergebnisse veranschaulichen. Dazu gehört, dass die Beteiligten ihr eigenes Wissen (z. B. über persönliche Stärken und Schwächen) und ihre Lernwege kennenlernen.

(3) Des Weiteren erfolgt das Sichtbarmachen im Prozess des wechselseitigen Lehrens von Schüler*innen, also in der hörbaren Vermittlung von Zusammenhängen. Eine Möglichkeit, dies zu erreichen, ist das Dreiergespräch.

Anregungen für die Praxis: Dreiergespräch

Das Dreiergespräch soll die Schüler*innen befähigen, einen Zusammenhang nicht nur konzentriert darstellen, sondern auch anderen konzentriert zuhören zu können. Zu diesem Zweck werden Rollen vergeben: Interviewer, Interviewter und Protokollant.

Die Schülerinnen und Schüler sitzen in Dreiergruppen. Jede*r Lernende wählt aus 10 (oder mehr) Begriffskarten eine aus, über den sie/er zwei Minuten reden kann und nimmt sie an den Platz mit. Unter den Teilnehmer*innen wird eine Rednerreihenfolge A–B–C festgelegt. A beginnt und spricht zwei Minuten über seinen Begriff. B und C hören aktiv zu, das heißt, sie hören so zu, dass sie den Inhalt des Vortrags nachher kurz mit eigenen Worten wiedergeben können. Mitglied C hat ferner die Aufgabe, die Zeit zu kontrollieren und das Geschehen zu protokollieren. Danach wechseln die Rollen, so dass auch B und C zwei Minuten reden.

Sollen einzelne Schüler über ihr Lernen nachdenken, kann das mit Hilfe der Selbstbefragung geschehen: Beispiel 1: Überwachung: »Bin ich mit meinem Lösungsansatz noch auf dem richtigen Weg?« Beispiel 2: Evaluation: „Habe ich gemessen an meinen Erfolgskriterien die Aufgabe erfüllt?«

(4) Zur wachsenden Transparenz des Lerngeschehens trägt schließlich eine bestimmte Art der Darbietung bei. Diese soll weitgehend den Interessen und Wissensbeständen der Lernenden entgegenkommen. Hilfreich ist ein Unterrichtsangebot, das nicht nach Disziplinen aufgeteilt

ist, sondern nach Themen-, Problem- und Projektbereichen (Komes, 2021). Damit wächst die Wahrscheinlichkeit, die Beteiligten persönlich anzusprechen. Zugleich werden die Schüler*innen aktiv an der Umsetzung beteiligt und ermutigt, ihre passive Rolle als Wissensaufnehmer zu überwinden. Im heutigen digitalen Zeitalter ist es für das Individuum ohne weiteres möglich, sich selbst Wissen zu erschließen. Schüler*innen tun dies idealerweise in der Rolle von Erkundern, Erfindern, Laboranten, Explorierenden. Die Schule wird sich in dieser Perspektive zu einem lebendigen Forum für Lernprozesse wandeln müssen (Komes, 2021).

Die Lehrkraft formuliert angemessenes Feedback

Auch der Wert von guten Rückmeldungen wird von der jüngeren Lernforschung als hoch eingestuft.

In der Mehrzahl der Lehr-Lernszenarien beschränkt sich »Feedback vermitteln« auf die Lernleistung. Die Lehrperson stellt etwas vor, sie kommentiert die Aufgabe und die Korrektheit ihrer Lösung, vorzugsweise mit Fokus auf Stoff oder Inhalt. Dies braucht es auch. Für das Weiter- und Besserlernen sind im Hinblick auf das Feedback allerdings zusätzliche Erkenntnisse und Aktivitäten von Belang:

(1) Erstens ist es ratsam, die Aufmerksamkeit deutlich auf den Lernprozess, die Lernstrategien und die Formen der Selbstregulation (und nicht lediglich auf die Lernergebnisse) zu richten (Hattie, 2015).
(2) Eine zweite Maßnahme zielt darauf ab, die Inhalte des Feedback zu verstehen. Zu diesem Zweck etabliert die

Lehrperson einen Lehr-Lernzyklus, indem sie sich im Dialog mit den Lernenden vergewissert, was bei ihnen tatsächlich ankommt und anschließend von ihnen umgesetzt wird.

(3) Schließlich haben Rückmeldungen eine wichtige praktische Konsequenz für die Qualität des Unterrichts. Lehrpersonen können das Feedback der Lernenden nutzen, um die Wirkungen ihres Unterrichts auf die Klasse und auf einzelne Schüler*innen klarer zu sehen und das eigene Handeln gegebenenfalls zu optimieren.

In der Gesamtbetrachtung bietet konstruktives Feedback Lehrenden und Lernenden zahlreiche Chancen. Vor allem wird es möglich, die eigenständigen Leistungen der Schüler*innen bei der Fertigstellung schwieriger Aufgaben zu überprüfen. Hilfreich für die praktische Anwendung dieser Form des Dialogs sind angemessene Regeln, die sich sowohl an den Sender wie auch an den Empfänger richten.

Anregungen für die Praxis: Feedbackregeln für den Feedbackgeber

1. Fragen Sie Ihr Gegenüber, ob es Feedback erhalten möchte. Die Bereitschaft dazu sollte gegeben sein.
2. Formulieren Sie Ich-Botschaften. Es ist Ihre Beobachtung, Ihre Wahrheit, die Sie kundtun.
3. Seien Sie konkret und positiv in Ihren Formulierungen. Bestenfalls beruht Ihre Wahrnehmung auf Fakten, die Sie sachlich, also wertfrei und empathisch, vermitteln.

4. Vermitteln Sie wertschätzende und konstruktive Rückmeldungen, zeigen Sie Entwicklungsmöglichkeiten auf. Das bedeutet auch, dass Feedback zu Verhaltensweisen gegeben wird, die der Feedbacknehmer wirklich ändern kann (Roos, 2021).

Anregungen für die Praxis: Feedbackregeln für den Feedbacknehmer

1. Hören Sie konzentriert zu und lassen Sie Ihren Feedbackgeber ausreden.
2. Konzentrieren Sie sich auf Nützliches, das aus Ihrer Sicht Vernachlässigbare lassen Sie ziehen.
3. Erklären, rechtfertigen oder verteidigen Sie sich nicht: Sie hören eine Wahrnehmung. Jeder hat seine eigene Wahrheit. Die Meinung des Anderen sollte akzeptiert werden, im besten Fall lernen Sie daraus.
4. Fragen Sie nach, wenn Sie etwas nicht verstanden haben und fassen Sie die Aussagen des Gesprächspartners zusammen, damit Sie abwegige Interpretationen vermeiden (Roos, 2021).

Im Hinblick auf das Instrument der Rückmeldung gilt als Merksatz für Lehrkräfte: Tauschen Sie nicht zu viele Informationen auf einmal aus. Geben Sie lieber häufiger Feedback als selten und geballt.

4.5 Selbststeuerungsoffener Unterricht im Kontext internationaler Erfahrungen

John Hattie vergleicht die neuen Aufgaben von Lehrerinnen und Lehrern mit jenen des lehrerzentrierten Unterrichts:

> »Klassenbeobachtungen zeigen typischerweise, dass es kaum direkte Anleitungen zum ›Lernen lernen‹ oder zum Entwickeln und Nutzen verschiedener Lernstrategien gibt. In insgesamt 80 Prozent der Klassen bestand der Unterricht aus dem Lesen in Büchern, dem Geben von Informationen oder Aufgabenanweisung. 65 Prozent der Unterrichtsstunden beinhalteten Aufforderungen zur Beantwortung von Fragen, und fast ein Drittel betraf die Vermittlung spezifischer Informationen.« (Hattie, 2015, S. 104)

Hattie zitiert weiterhin Studien, die belegen, »dass es sehr wenig explizite Gespräche über die Nutzung bestimmter Lernstrategien gibt. Stattdessen dominiert das Abfragen« (Haas, 2015, S. 145).

Seine Forderung nach einem anders orientierten Unterricht wird von ähnlichen Empfehlungen der OECD unterstützt. An der kritischen Haltung dieser Organisation hat sich seit der ersten PISA-Studie wenig geändert: »Die Anforderungen an moderne Bildung haben sich radikal gewandelt, aber die Bildungssysteme hinken dieser Entwicklung oft hinterher«, so der OECD-Experte Andreas Schleicher (Schleicher, 2021). Zahlreiche Einflussfaktoren fordern das Schul- sowie Bildungssystem heraus. Hervorzuheben sind die rasanten Entwicklungen in der Arbeitswelt. Weil Maschinen immer öfter die Arbeit von Menschen ersetzen können, muss es darum gehen, viele breit aufgestellte Fachkräfte auszubilden und »uns dabei auf Fähigkeiten zu konzentrieren, die sich nicht digitalisieren lassen« (ebd.). Expert*innen sprechen von einer Art Wettlauf zwischen Technik und Bildung.

Ausgehend von vielfältigen internationalen Erfahrungen nennt die OECD die Kernelemente einer effektiven Lernumgebung:

- Lernen ins Zentrum stellen (nicht Unterrichten).
- Lernen so oft wie möglich als soziales und kollaboratives Lernen ermöglichen.
- Die Bedeutung von Motivation und Emotionen beim Lernen berücksichtigen.
- Individuelle Unterschiede bemerken, auch was das Vorwissen angeht.
- Jeden Schüler und jede Schülerin fordern, ohne zu überfordern.
- Bewertungen mit der Betonung auf formativem Feedback nutzen. Diese Art der Rückmeldung informiert Lernende kontinuierlich über ihren aktuellen Lernstand sowie ihre Lernentwicklung; sie erfolgt während des Lernprozesses, nicht danach.
- Beziehungen zu Aktivitäten und Personen innerhalb und außerhalb der Schule vorantreiben (Schleicher, 2021).

Im selbststeuerungsoffenen Unterricht werden sowohl Lehrpersonen wie Lernende ihr Rollenrepertoire erweitern. Schüler*innen, die mit offenen Lernumgebungen vertraut sind, greifen bei der Erarbeitung des neuen Wissensgebietes auf (vorliegende) Lernmaterialien der Lehrperson(en) zurück oder suchen sich selbst Materialien. Die Kinder oder Jugendlichen können nun gemäß ihrer Struktur (einschließlich ihrer Bedürfnisse, Kenntnisse usw.) Wissen erwerben. Dafür müssen sie allerdings gelernt haben, mit den mentalen und behavioralen Strategien der Selbststeuerung umzugehen. Sind solche Grundlagen gegeben, steht die Lehrperson nicht mehr zwischen Lernenden und Lerninhalt (Haas, 2015).

4.6 Resümee: Was können Sie aus diesem Kapitel mitnehmen?

Wie selbstgesteuertes Lernen und zugleich qualitativ hochwertiges Wissen gefördert werden kann, wird von zahlreichen Expert*innen aus Wissenschaft und Praxis diskutiert. Theoretisch maßgeblich sind gemäßigt konstruktivistische Vorstellungen. Lernen gilt demnach als aktiver, konstruktiver, kumulativer und zielorientierter Prozess, der in bestimmten Kontexten (z. B. in Lerngemeinschaften) abläuft und metakognitiv gesteuert wird. In diesem Kapitel wurden dazu passende Formen der Unterrichtsorganisation präsentiert: Sandwich-Unterricht, WELL und Kognitive Meisterlehre.

Grundgedanke der vorgelegten Konzepte ist der Wunsch, tiefgehendes sowie prozessorientiertes Lernen und Verstehen zu fördern. Gemäß der Kognitiven Meisterlehre rücken (reflexive) Lernprozesse in den Fokus. Mit zunehmender Entwicklung der Schüler*innen schafft die Lehrperson mehr

Freiräume. Kontrolle und Steuerung des Lerngeschehens gehen nach und nach auf die Lernenden über.

Im Lichte internationaler Erfahrungen resultieren ebenfalls klare Empfehlungen für die Unterrichtspraxis. Im Fokus steht das Lernen und nicht das Unterrichten. Lernen ist außerdem so oft wie möglich als soziales und kollaboratives Lernen zu ermöglichen.

Daneben richtet sich die Aufmerksamkeit auf individuelle Unterschiede (auch im persönlichen Vorwissen) und das formative Feedback der Lernenden. Das aktuelle Geschehen, nicht die rückwirkende Beurteilung rückt also in den Vordergrund. Schließlich finden auch motivationale Überzeugungen und Emotionen beim Lernen vermehrt Beachtung. Selbststeuerungsoffener Unterricht zeichnet sich dadurch aus, dass sowohl Lehrpersonen als auch Lernende ihr Rollenrepertoire erweitern. Sind solche Voraussetzungen erfüllt, steht die Lehrperson nicht mehr zwischen Lernenden und Lerninhalt.

5 Selbstgesteuertes Lernen fördern: Lehrer*innen geben gezielte Anregungen

Die bisherigen Empfehlungen zum selbstgesteuerten Lernen werden nun weiter konkretisiert. Es geht um die gezielte Unterstützung dieser Lernform und die Rolle(n) der Lehrperson.

Vorgestellt werden im Folgenden drei Möglichkeiten der Förderung des selbstgesteuerten Lernens (Paris & Winograd, 2003): direkte, indirekte und kombinierte Förderung. Worin unterscheiden sich entsprechende Lehr-Lernarrangements? Welche Verfahren finden aktuell breite Anerkennung?

Zum Nachdenken: Förderung von selbstgesteuertem Lernen

- Überprüfen Sie, inwiefern das selbstgesteuerte Lernen in Ihrem beruflichen Kontext von Bedeutung ist? Gibt es entsprechende Leitlinien an Ihrer Schule?
- Denken Sie über die (unterschiedlichen) Stärken und Schwächen Ihrer Zielgruppe(n) nach. Wo sehen Sie Möglichkeiten, das selbstgesteuerte Lernen der Lernenden individuell auszubauen? (Ehlert et al., 2011)
- Welche Elemente der Selbststeuerung fördern Sie bereits? Welche Methoden verwenden Sie?

5.1 Direkte Förderung

Warum kann direkte Förderung sinnvoll sein?

Formen der direkten Förderung stehen mit dem Instructional Design der Pädagogischen Psychologie in Verbindung. Zwar geht diese Denkrichtung ebenfalls davon aus, dass das Individuum selbst Wissen konstruiert. Ihre Vertreter verstehen Lernfortschritte aber als eine Kausalwirkung der direkten Instruktion aufgrund der genauen Einschätzung der Lernmotivation sowie der Vorkenntnisse der Lernenden (Leutner, 2006). »Ich kenne meine Schüler*innen, ich weiß um ihre Stärken und Schwächen und kann durch Anleitung oder Information gut und differenziert auf sie eingehen.« Die Folge ist eine Überbetonung der Lehrperson im Lehr-Lernprozess, was sich in der strengen Sequenzierung und der didaktisch reduzierten Darbietung von Informationen zeigt (Haas, 2015).

Trotz vieler Bedenken kann im Unterricht auf Phasen der direkten Instruktion häufig nicht verzichtet werden. Ein Vortrag bietet sich etwa an, wenn die Lehrperson am Beginn eines Themenfeldes eine Einführung oder einen Überblick gibt oder wenn sie Inhalte am Ende einer Lernsequenz zusammenfasst. Auch gelingt es manchen Lernenden ohne direkte Anweisung kaum, selbstgesteuertes Lernen effektiv einzusetzen. Dieses Verständnis deckt sich mit der kognitionspsychologisch ausgerichteten Forschung, die nahelegt, dass sich Menschen Expertise auf vielfältige Weise und auch explizit mittels direkter Instruktion aneignen. Anleitung ist zwar nicht immer notwendig, aber doch manchmal hilfreich. Das trifft auch für die Anregung metakognitiver Aktivitäten zu. Präzise Instruktionen können das metakognitive Verständnis sowie die Motivation gerade jüngerer Schüler*innen durchaus steigern (Literacy GAINS, 2008). Von daher erscheint die direkte Initiative und Unterstützung seitens der Lehrerin bzw. des Lehrers in einigen Situationen durchaus sinnvoll. Das folgende Beispiel unterstreicht das.

Anregungen für die Praxis: Der Lehrer K. und die direkte Instruktion

Lehrer K. investiert in seiner fünften Klasse relativ viel Unterrichtszeit in das behutsame Vermitteln elementarer Fähigkeiten und Fertigkeiten des selbstgesteuerten Lernens. Er gibt seinen Schüler*innen Tipps, übt Kritik, lässt sie gezielte Übungen machen; er führt wegweisende Regeln, Rituale und Arbeitsweisen ein und überträgt ihnen sukzessive schwieriger werdende Aufgaben in den Fächern. Das alles geschieht mit Strenge und Konsequenz. Dieses ebenso bestimmte wie behutsame Vorgehen sorgt dafür, dass die Kinder sich mehr und mehr mit den Spielregeln des selbstgesteuerten und kooperativen Lernens vertraut machen. Obwohl K. die Struktur vorgibt, bekommen seine Schüler*innen Spielräume; sie können sich andererseits aber auch an die eingeführten Arbeits- und Interaktionsregeln halten. Das gibt ihnen Sicherheit und fördert eine verlässliche Motivation und Routinebildung.

Im Zuge der direkten Förderung haben auch Trainings einen festen Platz. Vor allen Dingen wollen sie eine gezielte Entwicklung bestimmter Komponenten der Selbststeuerung (z. B. Lernstrategien) erreichen. Ein Kernanliegen ist es beispielsweise, den Lernenden ein Repertoire von Strategien und Techniken zu vermitteln. In dieser Weise lassen sich zahlreiche Aspekte des selbstgesteuerten Lernens in den Unterricht einbinden. Beispiele sind eine fächerübergreifende Doppelstunde zum Thema »Lernen lernen« oder eine Lernsequenz im Fachunterricht Deutsch zum »strategischen Lesen«. Die Funktion der direkten Instruktion und ihre Hauptaufgabe besteht in der Aktivierung von Metakognitionen. Welches sind die erwünschten metakognitiven Verstehens- und Regulierungsstrategien für Lernende meiner Klassenstufen (und Entwicklungsniveaus)? Was kann ich als Lehrperson realistisch erwarten? Anschließend geht es darum, Wege zu finden, die diese Schüler*innen dazu bringen, über ihr eigenes Lernen regelmäßig nachzudenken (Paris & Winograd, 2003). Ausgewählte Instrumente – wie Lerntagebuch oder Arbeitsheft – können solche Prozesse zusätzlich unterstützen.

Wie werden Strategien durch direkte Unterweisung vermittelt?

Im Zuge einer direkten Förderung spricht die Lehrperson das selbstgesteuerte Lernen und entsprechende Inhalte explizit an; sie vermittelt, diskutiert und reflektiert relevante Informationen sowie Strategien (Paris & Winograd, 2003). Hierzu können Materialien ebenso wie spezifische Aufgaben, praktische Beispiele und Instrumente zu deren Erfassung herangezogen werden.

Oft handelt es sich bei der direkten Unterweisung um eine Einzelförderung. Ihr Hauptanliegen ist eine individuelle, auf die Bedürfnisse des Schülers oder der Schülerin abgestimmte Beratung. Hierbei wird meist auch die Familie in die Förderung mit einbezogen. Ein Nachteil dieses Vorgehens ist, dass nicht an allen Schulen Experten (z. B. Erziehungsberater, Schulpsychologen) zur Verfügung stehen, die diese Beratungssitzungen durchführen können. Die Einzelförderung muss sich aufgrund meist geringer zeitlicher Ressourcen daher auf wenige Schüler*innen beschränken (Götz, 2006).

Auf die Lehrperson kommen im Zuge solcher Maßnahmen verschiedene Aufgaben zu. Sie orientiert sich an Lernzielen, fördert das Zeit- und Ressourcenmanagement ihrer Schüler*innen und unterstützt deren konstruktiven Umgang mit Fehlern.

Ein Beispiel, das die Kerninitiativen der Lehrperson betont, ist das Förderprojekt von Du Bois & Staley (1997).

Anregungen für die Praxis: Direkte Förderung von Selbststeuerung nach Du Bois und Staley

Du Bois und Staley (1997) wollen Lehrkräften im Fachbereich Pädagogische Psychologie helfen, selbstgesteuertes Lernen zu verstehen und das Konzept in ihren Unterricht zu integrieren. Die verantwortliche Lehrperson informiert ihre Schüler*innen explizit zu vier Themen rund um das selbstgesteuerte Lernen: Metakognition, kognitive Strategien, Motivation und Willen. Im Hinblick auf den zeitlichen Ablauf orientiert sich der Kurs an einem Fünf-Phasen-Modell der Selbstveränderung (Paris & Winograd, 2003). Die fünf Phasen sind:

1. Vorausgehende Betrachtung, Vergewisserung (*precontemplation*),
2. Nachsinnen, Kontemplation (*contemplation*),
3. Vorbereitung (*preparation*),
4. Handeln, Ziele umsetzen (*action*),
5. Durchhalten, Sicherstellen (*maintenance*).

Im Rahmen dieser Sequenzen werden die Schüler*innen dazu angeregt, sich ihrer Strategien und Einstellungen bewusst zu werden und sie schließlich umzusetzen und aufrechtzuerhalten. Methodisch kommt überwiegend die direkte Anleitung zur Anwendung.

Die Lehrkraft greift bei Bedarf motivierend oder korrigierend ein, etwa bei der Formulierung von Zielen; sie regt den flexiblen Umgang mit Problemen an und spornt die Lernenden dazu an, Ausdauer zu zeigen (Paris & Winograd, 2003). Sollen Schüler*innen dazu animiert werden, ihr Lernverhalten zu überdenken, empfiehlt es sich, folgende Empfehlungen zu beachten:

Anregungen für die Praxis: Metakognitive Prozesse fördern

1. Seien Sie ein Modell (Modeling/Scaffolding): Schaffen Sie eine integrative, positive und anregende Lernumgebung im Klassenzimmer, z. B. durch eine posi-

tive und enthusiastische Herangehensweise an das Lernen, das Anregen von Neugier und Lernfreude. Modellieren Sie überdies Fähigkeiten, Strategien und Gewohnheiten, die das Denken anregen. Zeigen Sie den Schüler*innen explizit, wie sie durch lautes Denken in jeder Lernphase ihre Metakognitionen abrufen und optimieren.

2. Konzentrieren Sie sich anfangs auf die Entwicklung des Bewusstseins für metakognitive Prozesse. Orientieren Sie sich an einem Entwicklungsmodell, das als Leitfaden die schrittweise Gewinnung geistiger Fähigkeiten veranschaulicht. Damit wird den Schüler*innen transparent gemacht, welche Strategien in welchem Zeitrahmen auszuwählen, anzuwenden, zu überwachen und zu bewerten sind.
3. Schaffen Sie Gelegenheiten für die Zielgruppe, über ihr Denken zu sprechen. Entwickeln Sie mit Ihrer Klasse ein passendes Vokabular, das es den Schüler*innen gestattet, ihr Denken zu artikulieren. Verwenden Sie z. B. Begriffe wie »Nachdenken«, »Fragen formulieren«, »Selbsterkenntnis« und »Selbstkontrolle« (Paris & Winograd, 2003).

Gelingen diese Aktivitäten, kann das lernende Individuum von einer direkten Förderung von Selbststeuerung in mehrfacher Weise profitieren. Der/die Lernende

1. setzt sich geeignete Ziele, die erreichbar, aber herausfordernd sind. Der Umgang mit Zielen wirkt sich dann günstig aus, wenn sie vom Individuum selbst gewählt

werden und wenn die Anliegen sich eher auf den Lernprozess (*mastery goal orientation*) und weniger auf die Leistung (*performance goal orientation*) konzentrieren.
2. optimiert Zeit und Ressourcen durch effektive Planung und Überwachung.
3. blickt auf das Lernen zurück und überprüft es. Die damit angesprochene individuelle Selbstkontrolle und ein persönliches Engagement sind typisch für hohe Leistungsstandards.

Metakognition trägt zu erfolgreichem Lernen bei und führt die Schüler*innen zu Unabhängigkeit, Wachsamkeit und Selbstwirksamkeit. Durch metakognitive Strategien lernen die Schüler*innen, Informationen leichter zu beherrschen und Probleme rascher zu lösen.

Eine Aktivierung solcher Fähigkeiten offenbart sich in wachsender Selbstkontrolle und Selbstregulation. Die Folge ist ein intellektuelles Wachstum, welches die akademischen Leistungen steigern und den Transfer persönlicher Kompetenzen unterstützen kann. Im Idealfall sehen sich die Schüler*innen in der Lage, jede Strategie jederzeit und für jeden Zweck anzuwenden (Literacy GAINS, 2008).

Unterstützende Maßnahmen: Die Anwendung eines Advance Organizers

Einen Königsweg zum neuen Wissen gibt es nicht. Das zeigt sich bereits am Anfang einer Lernsequenz. Sind der Schüler oder die Schülerin erstmals mit einer neuen Lerneinheit, einem neuen Unterrichtsthema konfrontiert, stellt es sich ihnen oftmals als unübersichtlich oder unwegsam dar; es ist den Lernenden lange unklar, worum es eigentlich geht und wie sie zu neuem Wissen kommen. In dieser Situation kann es hilfreich sein, sie auf eine »Aussichtsplattform« zu führen, von der aus sie das unwegsame Gelände betrachten können. Eine solche Aussichtsplattform ist der Advance Organizer (Haas, 2015).

Das Verfahren (auch Pre-Organizer oder Advanced Organizer genannt) ist eine von der Lehrperson im Voraus (*in advance*) gegebene visuelle Lern- und Orientierungshilfe. Ihr Ziel ist es, die neuen Lerninhalte gedanklich strukturiert (*to organize*) und mit (Vor-)Wissen und Kompetenzen zu verknüpfen. Es geht also zunächst darum, Neues mit Bekanntem zu vernetzen sowie Sinnzusammenhänge zwischen Lerninhalten herzustellen. Zu diesem Zweck erhalten die Schülerinnen und Schüler ausreichend Gelegenheit, den zumeist grafischen Organizer mit ihren individuellen Vorkenntnissen zu ergänzen.

Argumente für die Methode liefern Überlegungen aus der Kognitionspsychologie sowie der Gehirnforschung. Vertreter beider Denkrichtungen gehen davon aus, dass das menschliche Gehirn sein Wissen in Schemata als Abbilder der Wirklichkeit organisiert. Um neue Informationen in vorhandene Strukturen einordnen zu können, fertigt das Gehirn »kognitive Landkarten« an. Genau hier liegt der Ansatzpunkt der Methode. Angeregt durch die Vorstrukturierung relevanter Lerninhalte mobilisieren die Schülerinnen und Schüler im Vorfeld ihr Vorwissen und aktivieren relevante Schemata im Langzeitgedächtnis.

Alles in allem birgt der in den 1960er Jahren von David Ausubel konzipierte Advance Organizer einige Vorteile. Die Methode

- vermittelt Ziel- und Verfahrenstransparenz
- sorgt dafür, dass Lernende ihre Aufmerksamkeit fokussieren
- aktiviert und motiviert die Schüler
- erleichtert Möglichkeiten der Planung und Mitgestaltung
- unterstützt Planungssicherheit und Klarheit
- fördert langfristiges Behalten durch Anbahnung von eigenständigem Lernen
- bietet eine Hilfestellung nicht nur für schwächere und zurückhaltende Schülerinnen und Schüler.

Anregungen für die Praxis: Der Advance Organizer

Eine Lehrperson berichtet:

- Der Advance Organizer ist ein fester Bestandteil meines Unterrichtseinstiegs und wird zu jedem Stundenbeginn gezeigt. Mit Hilfe von Pfeilen und farbigen Feldern (rot für aktuelles Thema, grün für bereits behandelte Inhalte) zeige ich, wie der Stand innerhalb des Advance Organizers gerade ist.
- Ich lasse dabei meistens einen Schüler wiederholen, wie weit wir im Themengebiet gekommen und an welchem Punkt wir stehen geblieben sind. In dem Zusammenhang werden Probleme und Fragen aufgeworfen, die dazu führen, das Gelernte nochmal zu reflektieren.
- Meine Schüler wissen in jeder Stunde ganz genau, wo wir gerade stehen und wo wir hinwollen. Sie können ihren Weg nachvollziehen, was den Lernprozess und Lernerfolg direkt sichtbar macht. (Haas, 2015, S. 128)

Ungeachtet aller Bemühungen halten sich die Wirkungen der direkten Trainingsmaßnahmen in Grenzen. Vor allem die Übertragung des im Training Gelernten auf neue Lernsituationen findet vielfach nicht statt. Sogenannte »traditionelle Methoden« (z. B. Vortrag oder Lerngespräch) werden daher in vielen Fällen in den Unterricht – genauer: in eine problemorientierte Didaktik – integriert; sie sind dann angebunden an eine das lernende Individuum herausfordernde Problemstellung.

5.2 Indirekte Förderung

Bei einer indirekten Förderung erfahren die Schüler*innen selbstgesteuertes Lernen durch konkretes Tun. Sie praktizieren selbstregulatorische Tätigkeiten, ohne dass das Thema explizit erwähnt werden muss (*learning by doing*). Dies kann beispielsweise im Szenarium von problembasiertem Lernen oder im Rahmen von Projektarbeit passieren. Das Anliegen der Schüler*innen ist es z. B., eine mehr oder weniger komplexe Aufgabe zu lösen. Die Lehrkraft hält sich zurück. Ihre Maßnahmen unterstützen das Lerngeschehen, indem sie dazu beitragen, dass Aspekte des selbstgesteuerten Lernens in den Lösungsprozess aufgenommen werden. Des Weiteren gibt sie Anregungen, unterstützt Planungsstrategien, regt dazu an, den eingeschlagenen Lösungsweg zu überdenken und das Endprodukt zu bewerten (Goetz et al., 2017).

Indirekte Unterstützung impliziert auch, dass Aktivitäten der Unterrichtsvorbereitung einen hohen Stellenwert erhalten. Im selbststeuerungoffenen Unterricht agiert die

Lehrperson vorab, vor dem Unterricht, indem sie den fachlichen Lernstoff didaktisiert und in Arbeitsbögen, Textunterlagen, Grafiken und andere typische Lernmaterialien auflöst (Haas, 2015).

Typisch für die indirekte Förderung ist, dass selbstgesteuertes Lernen im Rahmen einer Lernumgebung gestaltet, angeregt und gefördert wird. Damit einher gehen Freiheitsgrade für die beteiligten Schüler*innen. Den Lernenden werden bewusst Spielräume für eigene Entscheidungen gegeben, etwa im Hinblick auf Ziele, Lerninhalte oder Sozialformen (siehe Abschnitt 3.2). Das Lernsetting ist so gestaltet, dass es jedem/jeder Beteiligten die Möglichkeit für Selbstverantwortung und Autonomie eröffnet (Kollar & Fischer, 2019).

Beispiele für die indirekte Förderung

Gute Beispiele für eine indirekte Förderung sind Projektarbeiten und freie Lernphasen, die durch schüleraktivierende Methoden angeregt werden (Ehlert et al., 2011). Die folgende Tabelle (nach Konrad & Traub, 2011, Kap. 6) vermittelt eine Übersicht dazu. Anzumerken ist, dass all diese Formen und Methoden fließend ineinander übergehen. Beispielsweise kann es bei der Wochenplanarbeit sehr selbstgesteuert zugehen und in der Freiarbeit kann (phasenweise) die Anleitung dominieren.

Förder-maßnahme	Beschreibung
Wochen-planarbeit	Die Wochenplanarbeit zeichnet sich vor allem durch die Möglichkeit der Binnendifferenzierung aus. Diese ermöglicht es, eine individuelle Anpassung zu vollziehen. Dies kann bezogen auf Inhaltsfragen, Schwierigkeitsstufen und Umfang der Aufgaben geschehen. Im Wochenplan lassen sich drei Aufgabentypen unterscheiden: Pflichtaufgaben, Wahlaufgaben, Zusatzaufgaben.
Freiarbeit	Freiarbeit ist eine Unterrichtsmethode, die neben individuellen Freiheitsgraden (z. B. Wahlfreiheit im Hinblick auf Materialien) auch Merkmale sozialen und kooperativen Lernens aufweist. Gemeinsam ist den recht unterschiedlichen (reformpädagogisch geprägten) Konzepten die Bedeutung von Lern- und Arbeitstechniken, die bereits im Vorfeld der Freiarbeit eingeübt und ständig erweitert werden müssen.
Wahldiffe-renzierter Unterricht	Im wahldifferenzierten Unterricht wird der Versuch unternommen, Unterricht frei und mit hoher Selbstbeteiligung durch die Lernenden zu gestalten. Sie sollen an verschiedenen Themenschwerpunkten selbstständig und kooperativ lernen können. Die Schülerinnen und Schüler erhalten die Gelegenheit, zwischen unterschiedlichen Schwerpunktsetzungen und Arbeitsmöglichkeiten zu wählen und dann in Kleingruppen den gewählten Schwerpunkt zu bearbeiten.

Kooperative Projekte

Ausführlicher sollen Formen des Projektunterrichts, genauer die Kleingruppenprojekte, besprochen werden. Kleingruppenprojekte basieren auf der theoretischen Perspektive der sozialen Kohäsion (Konrad & Traub, 2005; Konrad, 2004). Ihr primäres Motiv ist die Herstellung einer positiven Gruppeninterdependenz.

Für das Kleingruppenprojekt lassen sich mehrere Phasen unterscheiden (Traub, 2012):

Phase 1: Einstieg in die Projektarbeit:
• Thema festlegen • Vorkenntnisse lesen and implementieren • Zielsetzung festlegen • Gruppen einteilen • Übergeordneten Projektplan entwickeln
Phase 2: Selbstgesteuerte Kleingruppenarbeit
• Projektplan ausarbeiten • Projektplan umsetzen: Informationen sammeln, auswerten und sichern • Ergebnisse für andere Gruppen aufbereiten
Phase 3: Austausch der Informationen zwischen den Kleingruppen
• Durchführen eines Gruppenpuzzles

Phase 4: Verarbeitungsphase
• Subjektive Verarbeitungsphase • Kollektive Verarbeitungsphase • Gesamtergebnis erarbeiten
Phase 5: Ausstieg aus der Projektarbeit
• Inhaltlicher Abschluss • Reflexion und emotionale Verarbeitung

Die Phasen 1 bis 5 werden nachstehend weiter erläutert.

(1) *Planung (Phase 1 und 2):* Bei der Planung eines Projekts scheint es ratsam, wenn die Gruppe sich an leitenden Fragen orientiert. Die Teilnehmenden sollen lernen, folgende Fragen zu bearbeiten (Rotering-Steinberg, 1995):

1. Was untersuchen wir?
2. Wie können wir das untersuchen?
3. Welches Ziel verfolgen wir dabei?

Die letzte Frage regt die Gruppenmitglieder an, sich Gedanken darüber zu machen, wie sie ihr erworbenes Wissen anwenden können. In vielen Fällen – speziell in Prüfungszeiten – gehen Schüler*innen von der Vorstellung aus, dass sie sich Wissen nur deshalb aneignen, weil es nachher überprüft wird. Die Gruppe erweitert diesen Gedanken und überlegt sich, welches Arbeitsergebnis (Produkt, Bericht, Darbietung) anzustreben ist (Rotering-Steinberg, 1995).

(2) *Durchführung der Kleinprojekte, Projektplanung umsetzen (Phase 3):* Diese Phase dauert naturgemäß am längsten. Zentraler Arbeitsplan, Kommunikationszentrum und Informationsstationen fördern die Unabhängigkeit der Teilnehmer*innen und unterstützen die Suche nach Problemlösungen.

Die Arbeitspläne jeder Gruppe werden aufgeschrieben und zu einem Gesamtplan zusammengefasst. Ein zentrales Anliegen ist der Dialog zwischen den Kleingruppen. Da die Gruppenziele sich ähneln oder überschneiden können (z. B. wollen zwei Gruppen sich mit einem identischen Text beschäftigen), empfiehlt es sich für den Austausch, einen Tisch oder eine Ecke im Klassenraum festzulegen, wo die Teams in einem »Kommunikationszentrum« ihre Projekte schon bei der Planung miteinander diskutieren oder Hilfe von der Leiterin bzw. dem Leiter anfordern können (Rotering-Steinberg, 1995). Im »Kommunikationszentrum« finden die Teilnehmer*innen Bewertungen, Rückmeldungen oder Korrekturen. Dort erhalten sie auch Anregungen für eine aktive Informationssuche (Rotering-Steinberg, 1995). Darüber hinaus geht die verantwortliche Person von Gruppe zu Gruppe und gibt Hilfen oder Tipps, sofern dies erforderlich ist.

(3) *Verarbeitungsphase (Phase 4):* Im Stadium der Verarbeitung kommt es darauf an, dass die verschiedenen Teilgruppen der Klasse oder des Seminars wieder zusammentreffen und sich als soziale Einheit konstituieren. Phase 4 beinhaltet als Teil der Verarbeitung auch die schriftliche Abfassung eines Ergebnisprotokolls.

In dieser Phase muss jede Gruppe sich darauf einstellen, wie sie den Ertrag ihrer Arbeit für die anderen Gruppen verständlich darstellen kann. Es entstehen Arbeitsberichte.

(4) *Reflexion und Bewertung (Phase 5):* Am Ende stehen Evaluation und emotionale Verarbeitung. Die üblichen Formen der Bewertung durch Vergleich der Einzelleistungen mit der Gesamtverteilung der Produkte in der Klasse (soziale Bezugsform) sind beim Lernen in Kleinprojekten nicht angezeigt, weil die Gruppen sich üblicherweise mit verschiedenen Gegenstandsbereichen beschäftigen.

Die Erfassung der Leistungen bei Gruppenprojekten konzentriert sich vorzugsweise auf relativ anspruchsvolle kognitive Prozesse, z.B. auf die Art und Weise, wie die Teilnehmer*innen bestimmte Aspekte des Gegenstandes untersuchen, wie sie ihr Wissen auf neue Probleme anwenden, wie sie aus Daten Schlussfolgerungen ziehen usw. (Rotering-Steinberg, 1995).

Für solche Situationen gilt es angemessene Bewertungen zu finden. Über die bislang genannten Verfahren hinaus geschieht die indirekte Förderung der Selbststeuerung in hohem Maße mittels selbstaktivierender Unterrichtsmethoden.

Indirekte Förderung durch selbstaktivierende Unterrichtsmethoden

Wenn Schüler*innen sich mit einem Inhalt geistig vertieft auseinandersetzen, dabei etwas dazulernen, einen Inhalt besser durchdringen oder eine Kompetenz weiter ausbauen, dann ist ein Merkmal von kognitiv aktivierendem Unterricht erfüllt. »Kognitive Aktivierung« wird von Bildungsexperten als ein maßgebliches Merkmal für Unterrichtsqualität anerkannt.

In der Unterrichtspraxis geht es dabei um ganz konkrete Fragen: »Was kann ich als Lehrperson tun, damit sich meine

Schüler*innen engagieren? Wie muss ich Lernarrangements gestalten, um die Wahrscheinlichkeit für kognitive Aktivitäten bei den Lernenden zu erhöhen?« (Albers, 2021) Paris & Winograd (2003) beantworten diese Fragen, indem sie für die Lernenden ein hohes Maß an Autonomie und Kontrolle im Lerngeschehen postulieren. Eine weitere Empfehlung richtet sich auf das Überwachen und Bewerten des eigenen Lernens. Methoden der metakognitiven Selbsteinschätzung und des Selbstmanagements unterstützen das aktive Lernen und letztlich die persönliche Weiterentwicklung. Dazu passende Angebote (etwa Journale, Logbücher sowie kooperatives Lernen) bieten den Lernenden Möglichkeiten zur Reflexion, zu strategischen Analysen und zu Gruppendiskussionen. Unterstützt werden solche Elemente der Selbstregulation durch eine Bandbreite von Instrumenten.

Die folgenden Listen bieten eine Auswahl aktivierender Methoden sowie Aufgaben. Um den Anwendungsschwerpunkt der Verfahren hervorzuheben, werden sie den typischen Phasen des Unterrichts zugeordnet.

1) Einstieg in die Lernsequenz, Vorwissen transparent machen
Brainstorming. Auf ein freies Blatt wird in der Mitte ein Wort oder ein Impuls geschrieben, z. B. der Begriff »Lernen«. Die Teilnehmenden orientieren sich an den Fragen: »Was fällt mir ein, wenn ich das Wort höre? Welche Bilder steigen in mir auf? An welche Erfahrung erinnere ich mich?« Ziel ist es, Ideen zu finden und ein bestimmtes Thema zu beleuchten (Müller, 2006). Die Ergebnisse können an der Tafel festgehalten werden. Das schnelle Brainstorming, auch »Blitzlicht« genannt, macht Denken sichtbar.

Kugellager. Die Teilnehmenden bilden einen Innen- und einen Außenkreis, das heißt, sie sitzen oder stehen in Kreisform paarweise einander gegenüber. Angehörige des Außenkreises stellen eine vorab definierte Frage, etwa: »Was weißt du über unser neues Thema?«. Dann rückt der Kreis weiter und neue Paare entstehen (Rotation). Die Methode soll Mut machen zum Reden. Dadurch können Schülerinnen und Schüler mehr sprachliche Sicherheit gewinnen und Selbstvertrauen tanken (Waldherr, Walter, Wendorff & Kipp, 2021b).

Denkblatt. Ziel ist es, die Lernenden zu sensibilisieren, einzustimmen auf das Unterrichtsthema und die Unterrichtseinheit. Um dies zu erreichen, schreiben die Teilnehmenden auf zwei verschiedenfarbige Zettel anonym ihre Befürchtungen und Ängste einerseits und ihre Hoffnungen andererseits auf. Damit bekunden sie positive bzw. negative Assoziationen zum Themenfeld. Nach dieser individuellen Besinnung werden die schriftlich fixierten Erwartungen von zwei Schüler*innen unkommentiert vorgelesen (Müller, 2006).

Sortieraufgabe. Die Sortieraufgabe ist eine (scheinbar) einfache Festigungsmethode, die das selbstgesteuerte Lernen der Akteure einläuten kann (Haas, 2015). Die Lehrperson schreibt etwa 20 zentrale Begriffe in Kästen zum Ausschneiden auf ein DIN-A4-Blatt. Die ausgewählten Begriffe werden von den Lernenden zu einem Stapel aufgehäuft und nacheinander vom Stapel genommen. Jedes Mal entscheidet der Schüler bzw. die Schülerin nach den Kategorien »kann ich«, »kann ich nicht« bzw. »bin nicht sicher«. Im weiteren Verlauf ist ein Tauschhandel mit den Kärtchen möglich. In jedem Fall versuchen die Teilnehmenden mit Partnern, wechselseitig die Wissenslücken bzw. die »Kann ich nicht«-Kärtchen inhaltlich zu schließen. Der »Kann ich nicht«-Stapel sollte nach der Partnerphase kleiner sein. Nun können im Plenum offen gebliebene Begriffe geklärt werden.

2) Vertiefung oder Verarbeitung der Lerninhalte und Methoden zum Erwerb und zur Verankerung neuen Wissens
Mind Map. Der Begriff Mind Map (Gedankenlandkarte) wurde von dem britischen Lernforscher Tony Buzan in den 1970er Jahren geprägt. Für das selbstgesteuerte Lernen sind Mind Maps in zweierlei Hinsicht relevant. Sie können zum einen als kognitive Lernstrategie (zur Organisation oder Elaboration der Lerninhalte) eingesetzt, zum anderen auch auf metakognitiver Ebene als Überwachungs- und Planungsinstrument verwendet werden. Hauptaufgabe der Konstrukteure einer Mind Map ist es, komplexe Themen oder Sachverhalte zu strukturieren und zu visualisieren (Götz, 2006). Zugleich können Lernende das Instrument zur Reflexion des Lerngeschehens sowie zur Tiefenverarbeitung der Lerninhalte nutzen.
Portfolio. Das Portfolio wird als Instrument der Beurteilung und Reflexion besonders bei älteren Schüler*innen und Studierenden gern eingesetzt (Waldherr, Wendorff & Kipp, 2021). Als Projekt oder Bewertungsinstrument erfordert und fördert das Verfahren stets auch selbstgesteuertes Lernen. Gerade in innovativen Schulen und Ausbildungsgängen werden Portfolios häufig und gut überlegt genutzt. Auf ihrer Basis verstehen Lehrkräfte, wie sie die Reflexion und Regulation in der eigenen Klasse unterstützen – und nicht nur einfach Datenberge sammeln – können. Idealerweise erstrecken sich Portfolios über mehr als einen Kurs oder ein Schulfach, damit Lernende (und Lehrende) nachhaltige Veränderungen tatsächlich erkennen und einordnen können (Paris & Winograd, 2003).

Think – Pair – Share. Der Ansatz vereint individuelles und kooperatives Lernen. Die Teilnehmenden bearbeiten aktiv und vertieft Aufgabenstellungen; sie finden eigene Lösungen. Die Phasen sind: *Think* = individuelles Nachdenken und Arbeiten. *Pair* = Paare finden Lösungen und klären offene Fragen. *Share* = Paare stellen ihre Erkenntnisse oder Fragen einem anderen Paar dar (Waldherr, Walter, Wendorff & Kipp, 2021c). Das Instrument unterstützt die tiefe Verarbeitung von Informationen und die Betrachtung der Inhalte aus verschiedenen Perspektiven (Mattes, 2018).

3) Abschluss der Lernsequenz und schnelles Feedback

Dokumentation. Selbstgesteuertes Lernen kann gefördert werden, indem der/die Lernende erreichte Ziele, erhaltene Noten und Rückmeldungen zu Fortschritten im Lerngeschehen dokumentiert (z. B. in einer eigenen Mappe). Die dadurch angestoßene Selbstbewertung kann dazu beitragen, dass Gefühle des Stolzes sowie zusätzlich investierte Anstrengungen zu Tage treten.

Blitzlicht. Die Teilnehmenden formulieren ein Statement (wenige Worte) zu einer oder zwei vorab gestellten Fragen (z. B. »Was war die wichtigste Erkenntnis heute? Wie gehen wir weiter vor?«). Mithilfe der Blitzlichtmethode können Meinungen und Äußerungen zu einem Thema, einer Problemstellung oder einem Impuls (wie z. B. einer Karikatur oder einem Bild) als eine Momentaufnahme oder eine abschließende Stellungnahme festgehalten werden.

Feedback. Die Akteure äußern Hinweise zu aktuellen Lernerfahrungen sowie zur eigenen Befindlichkeit (Waldherr, Walter, Wendorff & Kipp, 2021a). Von zentraler Bedeutung sind die in Abschnitt 4.4 genannten Regeln für angemessene Rückmeldungen.

Was das regelmäßige Überdenken des Einsatzes der inspirierenden Methoden anbelangt, helfen folgende Regeln weiter (Mattes, 2018):

Anregungen für die Praxis: Reflexion aktivierender Unterrichtsmethoden

Wie können Sie den Einsatz der Methoden professionell reflektieren?

Schwerpunkte	Fragen, die zu klären sind
Lernertrag	Dieser sollte als Erstes reflektiert werden, weil es darum in der Hauptsache geht. Welche Wissenszuwächse konnten beobachtet werden?
Aktivität	Wie viele Schüler*innen waren aktiv beteiligt? Waren auch die eher ruhigeren integriert?
Struktur	Hat sich der Aufbau der Methode bewährt? Musste er variiert werden?
Selbststeuerung der Schüler*innen	Konnten die Akteure die Aufträge selbstständig bewältigen? Planten und überwachten sie ihr Handeln?
Individualisierung	Liefert die Methode Hinweise auf das unterschiedliche Leistungsvermögen in der Klasse? Werden individuelle Stärken und Schwächen berücksichtigt?

Schwierigkeitsgrad	Waren die Materialien dem Leistungsvermögen der Teilnehmenden angemessen?

Lerntagebuch

Eine selbstaktivierende Methode – das Lerntagebuch – soll nun genauer betrachtet werden. Ein Lerntagebuch – manchmal auch Logbuch genannt – dient in erster Linie als Reflexionshilfe für das Lerngeschehen. Die Schülerinnen und Schüler können sich mit Hilfe dieses Instruments ihr eigenes Verhalten beim Lernen bewusst machen und eine diesbezügliche Bewertung vornehmen. Der Vorteil des Lerntagebuchs ist, dass der Bearbeitungsaufwand relativ gering ist. Lerntagebücher können zu mehr oder weniger offenen Statements auffordern. Die Schüler*innen müssen mitunter wenig schreiben, meist nur ankreuzen. Dies sollte den Betroffenen klar mitgeteilt werden, um ihre Motivation zum regelmäßigen Ausfüllen der Fragen im Lerntagebuch zu erhöhen. Eine strukturierte Fassung zum Einsatz vor und nach dem Unterricht findet sich in den folgenden Tabellen. Eine motivierende Einleitung für die jeweilige Zielgruppe hebt den Nutzen des Instruments hervor (nach Götz, 2006, S. 68).

Anregungen für die Praxis: Anleitung zur Verwendung eines Lerntagebuchs

Mit diesem persönlichen Lerntagebuch kannst du dich beim Lernen selbst beobachten. Fülle es regelmäßig vor und nach dem Lernen aus.

Dabei solltest du einige Punkte beachten:

- Nimm dein Lerntagebuch zur Hand und schreibe das Datum über die Spalte.
- Nun gehe alle Bereiche von oben nach unten durch und beantworte sie bzw. markiere das zutreffende Zeichen (– / o / +).
- Das machst du immer, bevor du lernst oder Hausaufgaben machst.
- Genauso gehst du nach dem Unterricht vor (2. Tabelle). Auch hier kannst du deine Einschätzung mitteilen, indem du das zutreffende Zeichen (– / o / +) markierst.

Fülle diese Seite immer aus, <u>bevor</u> du lernst!

Datum					
1. Heute möchte ich mich mit folgenden Fächern beschäftigen (gib die Fächer in der eingeplanten Reihenfolge an).	Fach 1	Fach 2	Fach 3	Fach 4	Fazit
2. So fühle ich mich heute (schlecht, mittel, gut).	– o +	– o +	– o +	– o +	– o +

3. Ich bin ausgeruht und fit (nein, teils, ja).	– o +	– o +	– o +	– o +	– o +
4. Ich bin konzentriert bei der Sache (nein, teils, ja).	– o +	– o +	– o +	– o +	– o +

Fülle diese Seite immer aus, nachdem du gelernt hast!

Datum					
	Fach 1	Fach 2	Fach 3	Fach 3	Fazit
5. So fühle ich mich jetzt (schlecht, mittel, gut).	– o +	– o +	– o +	– o +	– o +
6. Ich habe die Lernzeit genutzt (schlecht, teils, gut).	– o +	– o +	– o +	– o +	– o +

7. Ich war bei der Sache, bin nicht vom Lernstoff abgeschweift (nein, teils, ja).	– o +	– o +	– o +	– o +	– o +
8. Ich bin mit meinem Lernergebnis zufrieden (nein, teils, ja).	– o +	– o +	– o +	– o +	– o +
9. Heute habe ich folgende Lernstrategien verwendet (z. B. Karteikasten, SQ3R).					

Zahlreiche weitere aktivierende Verfahren finden sich in entsprechenden Lehrbüchern, etwa bei Messer (2016), Müller (2006), Weidenmann (2006) und Konrad & Bernhart (2018). Die genannten Methoden initiieren häufig überraschende, neue Erfahrungen. Sie stoßen Veränderungen und zugleich zentrale Elemente der Selbststeuerung an. So gesehen, bergen Formen der Aktivierung vielfältige Chancen.

Prozesse der Aufzeichnung, (tiefen) Verarbeitung, Bewertung, Diskussion und eventuell Regulation von Verhaltensweisen ermutigen stets auch die personinterne Selbststeuerung (= Selbstregulation) und ein nachhaltiges Wachstum.

5.3 Kombinierte Förderung

In der Praxis der Lernförderung werden direkte und indirekte Ansätze häufig kombiniert. Ausgewählte Formen der kombinierten Lernförderung werden nachfolgend präsentiert. Um zu verdeutlichen, welche Strategien Schüler*innen im Unterricht angeboten werden und welche Förderinitiativen sinnvoll sind, folgt zunächst ein Beispiel.

Beispiele aus der Praxis: Schülerin Gina

Gina, 13 Jahre, besucht eine Gemeinschaftsschule. Zwei Wochen vor einer Klassenarbeit in Mathematik hat Gina mit dem Lernen begonnen; sie hört dazu Schlagermusik, um sich zu entspannen.

Gina hat sich selbst keine Ziele gesetzt, stattdessen sagt sie sich ständig, sie wolle so gut abschneiden, wie es eben geht.

Gina wendet keine besonderen Lernstrategien an, um wichtige Lerninhalte zusammenzufassen und sie zu behalten. Kurz vor der Klassenarbeit lernt sie dann massiert für einige Stunden.

Probleme existieren auch im Hinblick auf die Evaluation ihrer Lernaktivitäten. Sie hat nur vage Standards für ihre Selbstbewertung und kann ihr Leistungsniveau schlecht abschätzen. Gina attribuiert ihre Lernschwierigkeiten auf ihre mangelnde mathematische Begabung und verteidigt ihre schlechten Lerntechniken. Sie bittet jedoch nicht um Hilfe, weil sie Angst hat, als dumm zu gelten.

Bewährte Förderansätze

Aus der Vielzahl der Ansätze zur kombinierten Förderung sollen nun zwei Beispiele näher betrachtet werden. Sie zeichnen sich dadurch aus, dass sie die Vorzüge der Selbstregulation der Lernenden mit der Anleitung seitens der Lehrperson in Einklang bringen. Beide Ansätze eignen sich gut, um in der Schulpraxis vorfindbare Problemfelder professionell zu behandeln.

Sie liefern zudem wertvolle Ansatzpunkte zur Unterstützung der Schülerin Gina (Guldimann & Lauth, 2004b), die sowohl Defizite in der Anwendung (meta)kognitiver Strategien als auch unangemessene motivationale Überzeugungen und Attributionsmuster erkennen lässt.

(1) *Förderansatz nach Jeanne Ormrod.* Ormrod (2014) nennt in ihrem Lehrbuch zur Pädagogischen Psychologie sechs Aspekte, die für die Förderung selbstgesteuerten Lernens eine wichtige Rolle spielen. Grundlage ihres Programms ist die Anwendung von Kernelementen der Selbstregulation. In Klammern wird der jeweils thematisierte Aspekt selbstgesteuerten Lernens genannt (Götz et al., 2017). Die Empfehlungen richten sich unmittelbar an Lehrerinnen und Lehrer und können als deren Aufgaben verstanden werden.

1. Helfen Sie den Schüler*innen dabei, sich herausfordernde, jedoch realistische Ziele zu setzen (Zielsetzung). Das ist wichtig für die Motivation. Ihr Lerncoaching ist nicht zu verwechseln mit Nachhilfe. Im Gegenteil: Die Inhalte sind hier weniger wichtig.
   Es geht nicht allein darum, den Stoff für die Matheklausur ins Gehirn zu bringen. Auch bei Gina spielen persönliche Einschätzungen sowie Attributionen eine Rolle (Motivation).
2. Die besten Lernenden verstehen, dass optimales Lernen nicht natürlich geschieht, sondern dass es Nachdenken und Planung braucht, um Ziele zu erreichen. Gemeint ist das »Lernen zu lernen« (Metakognition, Motivation). Kamei (2021) spricht von der Auseinandersetzung mit den eigenen Gedanken, Einstellungen oder Aufmerksamkeitswegen. Sie ist der Schlüssel zum Erfolg (Reflexion).
   Ermutigen Sie die Kinder oder Jugendlichen dazu, ihr eigenes Verhalten zu beobachten und zu dokumentieren. Ein geeignetes und häufig praktiziertes Instrument dafür ist das Lerntagebuch oder das Logbuch (Monitoring).
3. Vermitteln Sie den Schüler*innen Selbstinstruktionen, die sie daran erinnern, was zu tun ist. Bei der Bearbeitung eines Multiple-Choice-Tests kann sich das lernende Individuum vor jeder Aufgabe Folgendes sagen (»Lautes Denken«): »Lies die Frage vollständig. Lies jede Antwort genau und entscheide, ob sie richtig oder falsch ist. Wähle dann die Antwort, die dir unter allen Alternativen am richtigsten erscheint« (Planung). Speziell bei Textaufgaben im Fach Mathematik könnte Gina von dieser Methode profitieren.
4. Ermutigen Sie die Lernenden dazu, ihre eigene Leistung

zu evaluieren. Der Fachlehrer könnte Gina zum Beispiel eine Kriterienliste mit Bewertungshilfen an die Hand geben (Evaluation).

5. Regen Sie die Schüler*innen dazu an, sich für gelungenes Verhalten zu belohnen – z. B. einen Freund nach dem Erledigen der Hausaufgaben anzurufen (Motivation). Belohnungen können auch Gina darin unterstützen, klare Zeitpläne zu erstellen und einzuhalten.
6. Geben Sie den Schüler*innen Möglichkeiten, mit wenig oder ohne externe Hilfe zu lernen. Fördern Sie beispielsweise kooperatives Lernen mit Klassenkameraden. Gina könnte mit einer festen Lernpartnerin zusammenarbeiten. Bauen Sie außerdem selbst verantwortete Projektphasen in den Unterricht ein (Freiheit zur Selbstregulation).
7. Zeigen Sie den Schüler*innen Strategien zur Lösung zwischenmenschlicher Probleme auf – z. B. die Quelle des Konflikts identifizieren, die Perspektive des anderen einnehmen, unterschiedliche Perspektiven verbalisieren, eine kompromissfähige Lösung suchen. Hier sind in vielen Fällen direkte Empfehlungen durch erwachsene Berater gefragt (Regulation) (Götz et al., 2017).

Speziell die Selbstinstruktion in Form des »lauten Denkens« findet in zahlreichen Domänen auch außerhalb der Schule – vor allem im Leistungssport – Anwendung.

Beispiele aus der Praxis: Selbstinstruktion im Sport

»Sportler und Sportlerinnen müssen fit sein, körperlich. Sie müssen ihre Bewegungen schärfen, jeder Muskel weiß, was zu tun ist. Aber sie üben nicht nur auf der Skisprungschanze, am Schießstand oder in der Halfpipe. Sie üben vor allem im Kopf.« Scotty James, der australische Halfpipefahrer, erzählt: »Ich habe mich bereits vor drei Monaten für meine Runs entschieden. Immer und immer wieder gehe ich sie im Kopf durch, weiß genau, was ich tun werde. Gedanklich füge ich immer wieder einen Trick hinzu: Ich rede auch mit mir selbst von Zeit zu Zeit.« (Sippel, 2022)

Ähnlich macht es Anna Gasser, Snowboarderin aus Österreich. Zum Beispiel beim Zähneputzen denkt sie an ihre Tricks: »Ich visualisiere viel. Nicht so, als schaue ich einer fremden Person zu. Ich muss es selbst spüren, selbst fühlen; so, als wäre ich wirklich in der Situation«.

Diese mentalen Strategien verwendet die Sportlerin nicht nur, um ihre Bewegungsmuster abzuspielen. Sie helfen ihr auch, um sich schon vor dem Wettkampf vorzustellen, dass sie als Siegerin auf dem Podest stehen wird (Sippel, 2022).

(2) *Förderansatz nach Anita Woolfolk.* Woolfolk (2008) nennt in ihrem Lehrbuch zur Pädagogischen Psychologie vier Aspekte, die bei der Förderung selbstgesteuerten Lernens beachtet werden sollten. Die hier angeführten Elemente eignen sich gut zur Anregung (meta)kognitiver Strategien und emotional-motivationaler Überzeugungen, wie sie auch die Schülerin Gina zum Ausdruck bringt. Verglichen mit Ormrod (2014) tragen hier explizit Eltern oder Freunde zur Förderung selbstgesteuerter Kompetenzen von Kindern oder Jugendlichen bei.

Folgende Aspekte selbstgesteuerten Lernens werden von erfolgreichen Lehrer*innen betreut oder gefördert (Woolfolk, 2008):

1. Legen Sie Wert auf Anregung und Ermunterung.
   - Vermitteln Sie den Schüler*innen, wie sie sich gegenseitig anregen und ermuntern können.
   - Klären Sie die Eltern auf, in welchen Gebieten ihr Kind sich noch anstrengen muss und in welchen es am meisten Ermutigung benötigt.
   - Auch für Gina könnte eine soziale Absicherung durch die Familie wertvoll sein.
2. Führen Sie selbst vor, wie Sie Ihr eigenes Lernen steuern.
   - Streben Sie kleine Schritte an, um die schulischen Fertigkeiten zu verbessern. Die Ziele für das Kind oder den Jugendlichen sollten auf dessen Leistungsniveau zugeschnitten sein.
   - Diskutieren Sie mit Ihren Schüler*innen, wie Sie Ziele setzen und die Fortschritte auf das Ziel hin im Auge behalten.
   - Bitten Sie die Eltern, ihren Kindern zu zeigen, wie erfolgreiche Personen tägliche oder wöchentliche Ziele setzen, sich Erledigungslisten machen oder einen Terminkalender führen.
   - Gina fehlen die hier genannten Strategien fast vollständig. Die genannten Impulse und Modelle werden ihr helfen, hilfreiche Instrumente zu erproben.
3. Sorgen Sie dafür, dass das private Umfeld (z. B. Eltern, Geschwister) gute Ideen zu Lernstrategien einbringt.
   - Händigen Sie kurzes, einfaches Material aus, das die

»Strategie des Monats« beschreibt. Dieses kann der/die Lernende auch zu Hause einsetzen.

- Legen Sie eine Leihbibliothek an mit Büchern, die Zielsetzungen, Motivation, Lernen und Zeitmanagement-Strategien für Schüler*innen behandeln.
- Ermutigen Sie Familien, ihren Kindern zu helfen, sich selbst mit Aufgaben auseinanderzusetzen, sich auf deren Lösungen zu konzentrieren und bei den Hausaufgaben nicht gleich die Lösungen am Ende des Buches nachzuschlagen.
- Das soziale Umfeld von Gina wird vor allem mathematische Aufgaben ins Auge fassen müssen, die sie vorzugsweise bearbeiten sollte.

4. Stellen Sie Richtlinien für die Selbstbewertung auf.
   - Entwickeln Sie Materialien für die Selbstbewertung der Kinder. Führen Sie vor, wie sie diese gebrauchen können.
   - Teilen Sie zu Beginn des Schuljahres Protokollblätter aus, die es gestatten, die Erledigung von Aufgaben zu protokollieren. Im Laufe des Schuljahres sollen die Schüler*innen dann sich selbst überprüfen.
   - Richten Sie feste Lernpartnerschaften ein. Hier sprechen die Partner regelmäßig über ihr Lernen und ihre Ergebnisse.
   - Fordern Sie die Eltern auf, ihren Kindern Selbstbewertung in jenen Bereichen vorzuführen, auf die sie Wert legen.
   - Die hier genannten Maßnahmen und Anregungen zur Selbstbewertung können Gina zum Innehalten animieren. Sie kann lernen, ihre Attributionsmuster

sowie Emotionen zu hinterfragen und zu modifizieren.

Von der Kooperation zur Selbststeuerung

Als besonders wertvoll für nachhaltige Veränderungen haben sich in kombinierten Förderprojekten soziale Stützsysteme (und damit Formen der Kooperation) herausgestellt.

Kooperatives Lernen gilt als anspruchsvolle Lernmethode und Sozialform. Einige Merkmale des kooperativen Lernens wurden bereits erläutert (siehe Abschnitt 5.2). Nun werden sie mit den Formen und Möglichkeiten der kombinierten Förderung in Verbindung gebracht. Die nachstehenden Hinweise zu (1) Arbeitsanleitungen, (2) weiteren Voraussetzungen, (3) Einsatz von Checklisten und (4) zum Lernen mit kooperativen Skripten verstehen sich als Hilfen und Anregungen zu ihrer optimalen Umsetzung.

(1) *Arbeitsanleitungen.* Präzise Arbeitsanleitungen gelten als wichtige Voraussetzung für eine gelungene Gruppenarbeit. Vorgaben für eine kooperative Lernphase müssen immer so präzise wie möglich dargestellt werden. Dazu gehört die Klarheit über die Bedingungen einer gelungenen Kooperation. Auch sollen die Teilnehmenden die Aufgabe verstanden haben und über die notwendigen Informationen und Hilfsmittel verfügen (Bernhart & Konrad, 2010).

Anregungen für die Praxis: Präzise Arbeitsanleitung

Die Teilnehmer*innen sollen erfahren, warum gerade diese Arbeitsform gewählt wurde. Es geht um die Förderung von Transparenz und Motivation. Eine akzeptable Anleitung umfasst folgende Elemente:

- *Ziele* klären. Die Zielsetzung sollte für alle Teilnehmenden möglichst konkret formuliert werden. »Was sind die Chancen der Gruppenarbeit für alle Anwesenden? Wie können wir davon profitieren?«
- Die *Chancen* der Aufgabe aufzeigen. »Warum bearbeiten wir diese Aufgabe in Kleingruppen? Wie werden wir mit den Ergebnissen weiterarbeiten?«
- Die *Zeit* vereinbaren und visualisieren. »Wir machen um 10:30 Uhr weiter«. Oft ist es sinnvoll, die Zeitvereinbarung den Teilnehmenden zu überlassen, dabei bekommt die höchste Zeitangabe den Zuschlag. Die vereinbarte Zeit sollte auf Folie oder Plakat sichtbar festgehalten werden (Bernhart & Konrad, 2010).

(2) *Weitere Voraussetzungen.* Abgesehen von der Aufgabenstellung hängt der Erfolg des kooperativen Lernens von weiteren Voraussetzungen ab. Hervorzuheben sind folgende Bedingungen (Konrad & Traub, 2005):

- Strukturierung der Interaktion. Kooperatives Lernen umfasst verschiedene Arten und unterschiedlich starke Organisations- und Strukturierungsformen. Es kann in Form unstrukturierter Gruppenarbeit erfolgen, es können jedoch auch bestimmte Regeln für die Kooperation vorgegeben werden.

- Anreizbedingungen. Auch die motivationale Absicherung durch extrinsische Anreiz- und Belohnungsbedingungen ist ein entscheidender Faktor dafür, dass kooperatives Lernen im schulischen Unterricht funktioniert. Eine Vielzahl empirischer Untersuchungen zeigt, dass es wichtig ist, nicht nur die Gruppenleistung als Ganzes zu bewerten. Stattdessen sollten Verantwortliche auch individuelle Beiträge berücksichtigen.
- Gruppenzusammensetzung. Was ist erfolgversprechender: gleiche oder ungleiche Lernvoraussetzungen der Mitglieder? Die Frage, welche Teilnehmer*innen in einer Gruppe mitwirken sollten, lässt sich nicht eindeutig beantworten. Inwiefern eine Gruppenzusammensetzung sinnvoll und zielführend ist, hängt in hohem Maße von Inhaltsbereich(en), Lernziel(en) und Lernvoraussetzungen ab.
- Gruppengröße. Alle Teilnehmenden sollten direkt miteinander in Kontakt treten können. Menschen arbeiten dann am besten zusammen, wenn die Gruppe nicht zu klein und nicht zu groß ist. Vier bis sechs Personen ist die ideale Gruppengröße.

Erfolgreiche Lehrpersonen wissen um die genannten Erfolgsbedingungen von Austausch und Diskussion in selbststeuerungsoffenen Unterrichtsszenarien. Um die positiven Wirkungen der Kooperation zu gewährleisten, werden sie ihren Schüler*innen daher einige Anregungen geben.

Anregungen für die Praxis: Leitlinien für kooperatives Lernen

Kooperatives Lernen wird für die Teilnehmer*innen vor allem dann erfolgreich sein, wenn folgende Maßgaben beachtet werden.

1. Unterstützen Sie die Lernenden durch geeignete Lernstrategien. Vorbereitende Instruktionen und Übungen dazu sind hilfreich.
2. Fördern Sie wechselseitges Lehren und Lernen. Die Teilnehmenden eignen sich demnach nur einen Teil des Stoffs an und vermitteln sich später den restlichen Stoff gegenseitig.
3. Geben Sie Feedback für die Gruppenleistung. Das spornt die einzelnen Mitglieder an und die Erreichung von Lernerfolg wird wahrscheinlicher.
4. Erarbeiten Sie mit den Akteuren Regeln für die Zusammenarbeit (»Wir lassen die anderen ausreden«) und die Anregung von Reflexion über das gemeinsame Lerngeschehen (»Was lief gut? Was können wir verbessern?«).

(3) *Einsatz von Checklisten.* Wie erfolgreich und gewinnbringend ein kooperatives Lernarrangement ist, hängt nicht zuletzt von der persönlichen Einschätzung der Beteiligten ab. Eine Checkliste leistet hier wichtige Dienste. Checklisten können sowohl bei der Unterrichtsplanung als auch bei der (Selbst-)Reflexion von Unterricht verwendet werden. Mit ihrer Hilfe wird versucht, die beschriebenen Empfehlungen zu konkretisieren und zu operationalisieren.

Anregungen für die Praxis: Checkliste zur Gestaltung kooperativer Lernarrangements
(nach Bernhart & Konrad, 2010, S. 20 f.)

	Worauf achtet die Lehrperson bei der Planung und Gestaltung kooperativer Aufgaben?	**Trifft zu**	**Trifft teilweise zu**	**Trifft nicht zu**
1	Die Arbeitsaufträge sind präzise und verständlich.	o	o	o
2	Die Arbeitsanweisungen sind mehrfach dargestellt (z. B. schriftlich und akustisch).	o	o	o
3	Es gibt eine Vergewisserung, ob die Arbeitsanweisungen richtig verstanden wurden.	o	o	o
4	Die Aufgabenstellung ist vom Schwierigkeitsgrad her angemessen.	o	o	o
5	Die Aufgabenstellung ist vom Umfang her angemessen.	o	o	o
6	Die Aufgabenstellung gestattet eine Differenzierung (zeitlich und bezüglich des Anspruchsniveaus).	o	o	o

Die Ergebnisse der Checkliste vermitteln wertvolle Rückmeldungen und Hinweise auf notwendige Verbesserungen, die nun in Angriff genommen werden (können). Zur Umsetzung der genannten Impulse existieren zahlreiche Methoden. Breite Anerkennung finden »Fahrpläne« zur beabsichtigten Vorgehensweise.

(4) *Lernen mit kooperativen Skripten.* Lernskripte sind Pläne zum Ablauf und zur Strukturierung von Lernsequenzen. Sie unterstützen das kooperative Lernen und aktivieren die darin enthaltenen Potenziale der Selbstregulation. Häufig liegen die Fahrpläne als schriftliche Informationen vor. Gedruckte Lernunterlagen können mit Grafiken, Bildern und dem richtigen Einsatz von Farben ausgesprochen lernmotivierend wirken. Was den Umfang und die inhaltliche Gestaltung eines Skripts anbelangt, ist es wichtig, die jeweilige Zielgruppe im Auge zu behalten. Zwei Lernskripte sollen hier näher betrachtet werden (Konrad, 2014).

Beispiel 1: Reziprokes Lehren und Lernen. Im Zentrum des reziproken Lehrens steht die Förderung sinnverstehenden Lesens. Das dazu passende Skript sieht vor, dass zwei Teilnehmer*innen abwechselnd den Text lesen und sich gegenseitig die wichtigsten Inhalte erklären (Konrad & Bernhart, 2017).

Der Ablaufplan dient in doppelter Hinsicht der Vertiefung des Textverständnisses: (1) Beide Partner lesen den Text mit dem Ziel, ihn danach zu erklären und die wichtigsten Inhalte wiederzugeben. (2) Der/die jeweils Zuhörende soll Fragen stellen und auf Fehler und Auslassungen in den Äußerungen des Partners hinweisen. Vier Handlungsschritte sind typisch für das reziproke Lehren und Lernen:

1. Beide Partner lesen einen Textabschnitt.
2. Partner A erklärt Partner B die wichtigsten Inhalte; Partner B hört aufmerksam zu, stellt Rückfragen und macht auf Fehler und Auslassungen aufmerksam.
3. Beide Partner lesen den nächsten Textabschnitt.
4. Nun erfolgt der Rollentausch. Wer erklärt hat, hört nun zu und stellt Fragen.

Soll das Lesen trainiert werden, achten die Verantwortlichen darauf, dass im Laufe dieses Geschehens vier Lesestrategien zur Anwendung kommen: (1) Zusammenfassen, (2) Fragen, (3) Klären und (4) Vorhersagen (Demmerich & Brunstein, 2004).

Was den zeitlichen Rahmen anbelangt, sind – je nach Länge und Schwierigkeit des Textes – für das sinnverstehende Lesen mindestens 40 Minuten einzuplanen. Jede/r Teilnehmende sollte zweimal den Text erklären und zweimal Fragen dazu stellen.

a) Zeit zum Lesen des Textes (mindestens 5 Minuten).
b) Zeit für Partner A (und B), die wichtigsten Textstellen wiederzugeben und für Partner B (und A) Fragen zu stellen (je mindestens 5 Minuten).
c) Zeit zum Lesen des Textes (mindestens 5 Minuten) etc.

Um das Geschehen optimal zu unterstützen, ist es für die verantwortliche Lehrperson ratsam, vorab einige Punkte zu überdenken:

- Die Partner brauchen zum Lesen der Textabschnitte unterschiedlich lang. Es sollten also keine zu langen Textabschnitte vorgegeben werden, so dass der Unterschied nicht allzu groß werden kann.

- Der Zuhörende stellt womöglich keine Fragen. Ein Modell (z. B. ein Mitschüler) sollte den Teilnehmenden deshalb zuvor ein paar Beispiele für Rückfragen präsentieren.
- Es erklärt immer nur eine/r und der/die andere hört zu. Das ist nicht tragisch. Beide Partner profitieren trotzdem von dieser Methode.
- Wichtig für das tiefe Lernen ist, dass die Teilnehmenden mitteilen, was sie verstanden haben (»Teste dich selbst«).

Beispiel 2: Das MURDER-Skript. Am sogenannten MURDER-Skript werden die grundsätzlichen Charakteristika eines Kooperationsskripts ebenfalls verständlich:

a) Der Text wird in verschiedenen Phasen (Sequenzierung) abschnittsweise durchgearbeitet.
b) Einzelne Lernende übernehmen spezifische Rollen, zum Beispiel der »Wiedergeber« und der »Prüfer« (Rollenzuweisung).
c) Strategien zum Textverständnis werden kooperativ angewendet (kooperative Strategieanwendung; Ertl & Mandl, 2004, S. 3).

Das MURDER-Skript unterteilt den kooperativen Lernprozess in sechs Phasen. Die angeführten Aktivitäten zeigen, in welcher Weise Aspekte der Selbststeuerung (z. B. kognitive sowie metakognitive Strategien) aktiviert werden.

1. **Mood.** In der ersten Phase stimmen sich die Lernenden auf die Textbearbeitung ein und konzentrieren sich auf die Aufgabe.

2. **U**nderstand. In der nächsten Phase lesen die Lernenden individuell den ersten Textabschnitt und halten Kerngedanken und wichtige Fakten fest.
3. **R**epeat. Anschließend wiederholt Lernpartner A die Inhalte dieses Abschnitts aus dem Gedächtnis.
4. **D**etect. In der vierten Phase gibt Lernpartner B Feedback darauf und deckt eventuelle Ungereimtheiten, Widersprüche und Auslassungen auf.
5. **E**laborate. Darauf elaborieren beide Lernenden gemeinsam das Lernmaterial, verknüpfen es mit Erfahrungen aus ihrem Vorwissen und wenden teilweise Imagery-Strategien (Vorstellungsbilder) an.
6. **R**eview. In der letzten Phase sehen die Lernenden nochmals das Lernmaterial durch.

Wie das reziproke Lehren und Lernen fungiert MURDER als Lehr-Lernstrategie zur Förderung des Textlernens durch kooperative Aktivitäten. Im Fokus steht dabei die Aktivierung kognitiver Prozesse, hier: vor allem das Textverständnis (Brown & Palincsar, 1989). Um gute Ergebnisse zu erreichen, bietet sich vor der eigentlichen Kooperation das Training einzelner Strategien an. Die Lernpartner üben, generische Fragen zu stellen; sie studieren, wie sie Textabschnitte zusammenfassen, den Inhalt kooperativ beleuchten und Feedback geben können (Ertl & Mandl, 2004).

5.4 Beispiele aus dem Unterricht

Wie die bisherigen Ausführungen deutlich machen, bietet die Lehrperson gerade im Rahmen der direkten sowie der kombinierten Förderung elaborierende sowie reflexive Methoden und Impulse. Diese geben den Schülerinnen und Schülern Raum und erweitern ihre Freiheitsgrade. Die Lehrperson agiert zurückhaltend als Moderator und Helfer. Wie die nachstehenden Beispiele (zur indirekten Förderung) belegen, beschränkt sich das in dieser Weise angeregte selbstgesteuerte Lernen keineswegs auf Einzelarbeit; vielmehr korrespondiert es oftmals mit einem intensiven sozialen Austausch.

Götz von Berlichingen (9. Klasse)

Für eine Lektüreeinheit Deutsch der 9. Klasse wählt die Lehrperson Goethes *Götz von Berlichingen* aus.

Impulse der Lehrperson. Bei einem Drama bietet sich neben der Lektüre auch das szenische Interpretieren an. Abgesehen von der Kenntnis des Inhalts sollen in der 9. Klasse auch der Aufbau eines Dramas erkannt und Personencharakterisierungen geübt werden. Die Unterrichtseinheit wird in Gruppenarbeit durchgeführt. Fünf Teams beschäftigen sich jeweils mit einem Akt. Das Lerngeschehen orientiert sich an den Schritten der Think-Pair-Share-Methode (siehe Abschnitt 5.2, S. 80).

Arbeitsaufträge. Die Arbeitsaufträge sind seitens der Lehrperson klar vorgegeben. Das Ziel lautet: Inhaltsangabe des Aktes formulieren, eine Szene einstudieren, jeder hat eine Person zu charakterisieren. Dieser Rahmen gibt Stütze und Vergleichsmöglichkeit sowie Ergebnisorientierung. Den Verlauf, die Auswahl der Szenen und Personen, die Arbeitsteilung – das übernehmen die Teilnehmer*innen selbst. Die erste Gruppe wählt nun nicht die erstbeste Szene, sondern wirklich das erste Bild des ersten Aktes: ein Gasthaus, wo sich Freunde und Gegner des Ritters Götz von Berlichingen treffen, streiten, über ihn unterhalten und dadurch eine lebendige, vielschichtige Charakterisierung der Hauptperson liefern, bevor diese überhaupt auftritt.

Präsentation. Bei der Präsentation im Plenum (Phase des *share*) zeigt sich, dass die Schüler*innen gut die Schlüsselszenen und den spezifischen Aufbau jedes Aktes erkannt und somit die inhaltlichen Lernziele selbstständig erreicht haben. Manche Gruppe führen allerdings auch »so wenig wie nötig« vor, und die Lernenden stellen Vergleiche an: »Wie viel und in welcher Qualität haben die anderen Gruppen gearbeitet?« (Errens, 2004, S. 676)

Griechisches Theater (10. Klasse)

In der 10. Klasse wird ein Merkblatt zum griechischen Theater erstellt.

Impulse der Lehrperson. Es werden verschiedene Texte, Bilder und Grafiken zur Verfügung gestellt.

Merkblatt erstellen. In Anlehnung an die Regeln und Vorgaben der Kleingruppenprojekte (siehe Abschnitt 5.2) lassen sich mehrere Lernphasen unterscheiden: In einem ersten Schritt fassen die Schüler*innen in Teams von drei bis fünf Mitgliedern die Informationen über die Architektur, die Bühne, den Chor sowie die Kostüme zusammen, tragen ihre Ergebnisse kurz vor und notieren sie. Eine Rohfassung des Merkblatts ist entstanden, die in einem zweiten Schritt überprüft wird.

Prüfende Aktivitäten. Nun muss die Lehrerin nochmal tätig werden: Eine Qualitätskontrolle (= metakognitive Bewertung) ist erforderlich. »Überschneidet sich unser Text inhaltlich mit dem der nächsten Gruppe? Wo sind Wiederholungen zu streichen? Was müssen wir klarer ausdrücken?« Die Endfassung, die dann in das Epochenheft übernommen wird, entsteht ohne viel Lehrerlenkung, aus der gemeinsamen Verantwortung, einen sinnvollen Beitrag zum Ganzen zu geben. (Errens, 2004)

Kunstbetrachtung (11. Klasse)

In der 11. Klasse findet eine Unterrichtseinheit zur Kunstbetrachtung statt.

Lehrergelenkte Aktivitäten. Zunächst hat die Lehrerin mit einigen Künstlerbiografien und gemeinsamen Bildbetrachtungsübungen die Kunstrichtungen Impressionismus und Expressionismus eingeführt. Die Kunstbetrachtungseinheit geht nach einer lehrergelenkten Woche ganz in die Verantwortung der Lernenden über.

Auswahl der Lerninhalte. In dieser Lernphase entscheiden sich die Schüler*innen für Künstler des 20. Jahrhunderts, deren Leben und Werk sie kennen lernen, erforschen und den Mitschüler*innen vorstellen wollen.

Prozessorientiertes Lernen. Dem prozessorientierten Lernen und der kognitiven Meisterlehre vergleichbar (siehe Abschnitt 4.3), liegt die Moderation nun in der Hand der Jugendlichen. Tag für Tag gestalten sie einzeln oder zu zweit den Unterricht, und durch die individuellen Schwerpunkte vom Blauen Reiter über Picasso und Chagall bis zur Pop-Art und dem Street-Art-Künstler Keith Haring entsteht ein inhaltlich, aber auch methodisch reichhaltiges Spektrum.

Darbietung der Ergebnisse. Biografie und Werkbetrachtung sind verbindlich, werden aber – im Rahmen der gegebenen Freiheitsgrade – in sehr unterschiedlicher Weise dargeboten: die Biografie mehr informativ oder eher erzählend, auch mal dialogisch; die Biografie mit der künstlerischen Entwicklung verbunden; eine Fülle von Bildern als Dias oder in Büchern, als Drucke oder in großformatigen Kalendern werden vorgelegt. Alternativ wird nur ein einziges Werk vorgestellt, das einem oder einer Lernenden wichtig geworden ist und das er/sie deshalb mit einem Text, einem Gedicht oder einem eigenen Bild selbst künstlerisch beantwortet. (Errens, 2004)

Die »4 Ks« im Englischunterricht

Das folgende Beispiel vereint externe Vorhaben in Form von Aufgaben und Texten mit Gestaltungsfreiräumen seitens der Schüler*innen. Der Fokus der Unterrichtsreihe richtet sich auf die »21st Century skills« der OECD (Zeitverlag, 2021). Vier methodische Elemente sind vorgesehen.

1. *Die 4 Ks (Four Cs).* In einem ersten Arbeitsblatt entdecken die Schülerinnen und Schüler Bildung und die Arbeitswelt von Morgen – auf Englisch. Das 4K-Modell (kurz 4K, englisch *Four Cs* oder *4Cs*) formuliert vier Kompetenzen, die – nach Meinung von Experten – für Lernende im 21. Jahrhundert von herausragender Bedeutung sind: Kommunikation, Kollaboration, Kreativität und kritisches Denken. Ist das Modell in den USA auch in der Bildungspolitik

schon breit verankert (*Deeper learning*), so hat es im deutschsprachigen Raum vor allem in jüngerer Zeit an Bekanntheit gewonnen.

Das Material ist für Lernende für »Englisch als Fremdsprache (B1/B2)« konzipiert: Gymnasiale Oberstufe, Realschule, Jahrgangsstufe 10–13 (Zeitverlag, 2021).

2. *Arbeitsauftrag für Individuen und Lerntandems.* Der Arbeitsauftrag an Individuen und Lerntandems lautet: »Read the following text and take notes on the strengths and weaknesses of the Four Cs educational model. Afterwards, compare your notes with a partner and try to agree on a summary of notes that include the most important points from both your notes.« (Zeitverlag, 2021) Er wird anhand des Lerntexts: »Four Cs« (www.zeitfuerdieschule.de/materialien/arbeitsblatt/bildung-fuer-die-beduerfnisse-der-schuelerinnen-und-schueler, Stand 25.4.2023) bearbeitet. Anschließend bilden sich Zweiergruppen.

3. *Partnerarbeit.* Die Aufgabe lautet: »What do you see as the most important skill of your future? Pick two of the Four Cs and explain to your partner why these skills matter to you. Does school focus enough on these skills?« (Zeitverlag, 2021)

Schließlich geht es darum, eine eigene Vision des Unterrichts der Zukunft (»your vision on education«) herauszuarbeiten. Methodisch ist eine Kleingruppenarbeit geplant.

4. *Gruppe zu zwei oder drei Personen.* »4 Ks« ist ein Akronym – ein Begriff, der die sinnvolle Kombination von Buchstaben enthält. Ein Akronym setzt sich aus den Anfangsbuchstaben mehrerer Wörter zusammen. Entsprechend erschließt sich die Bedeutung des Gesamtkonzepts nicht nur als eine Aneinanderreihung von Worten – sie entfalten

vielmehr komplexe Visionen. Es bedarf einer gründlichen Auseinandersetzung, um sie angemessen zu präsentieren. Die Schüler*innen erhalten deshalb ausreichend Gelegenheit, um sich – allein und mit Lernpartner*innen – mit dem Akronym der vier K auseinanderzusetzen und auch einen Transfer in ihr eigenes Leben zu leisten.

Eine anschließende komplexe Aufgabe umfasst drei Schritte und bietet vielfältige Möglichkeiten der Selbststeuerung (die Anweisungen erfolgen wieder in englischer Sprache).

a) Wähle ein eigenes Akronym.
b) Erstelle ein Poster.
c) Präsentiere das Poster.

5.5 Resümee: Was können Sie aus diesem Kapitel mitnehmen?

Thema des Kapitels sind Prinzipien und Methoden zur Förderung des selbstgesteuerten Lernens. Im Rahmen der skizzierten Verfahren werden metakognitive Vorgaben, Anregungen zur Motivation sowie zur Reflexion des eigenen Verhaltens skizziert. Die behandelten Ansätze und Angebote lassen sich drei Formen zuordnen: direkter, indirekter und kombinierter Förderung.

Bei der direkten Unterstützung von selbstgesteuertem Lernen ist die Anleitung der Lehrperson zentral. Ihr modellierendes Verhalten und ihre »traditionelle« Instruktion (z. B. Vortrag oder Lerngespräch) dominieren das Geschehen. Dagegen steht bei der indirekten Förderung das selbstgesteuerte Lernen der Schüler*innen in offenen pädagogischen Kontexten im Zentrum.

Besonderes Augenmerk richtet sich auf den kombinierten Förderansatz, der Elemente der Fremdsteuerung sowie der Selbststeuerung vereint.

Auch Anteile von Fremdsteuerung seitens des/der Lehrenden fließen in den Unterricht ein. Traditionelle Referate, Vorträge oder Lehrer-Schüler-Gespräche sind jedoch immer angebunden an eine für die Lernenden herausfordernde Problemstellung. Abhängig von bestehenden Lernvoraussetzungen kann eine ausgeprägte Unterstützung durch die Lehrperson begründet sein, wenngleich als Leitlinie ein im Fortgang des Lernens zunehmender Grad an Selbststeuerung und -bestimmung des Lernens durch das Individuum angestrebt wird (Oberländer, 2017).

Ein weiterer Förderschwerpunkt, der sich der kombinierten Instruktion zuordnen lässt, ist das kooperative Lernen. Der Erfolg dieses Unterrichts hängt von mehreren Randbedingungen ab, die zum Beispiel von Lernskripten unterstützt oder gelenkt werden können.

Im Hinblick auf alle Förderinitiativen ist – neben dem Lehrer-Schüler-Dialog – die persönliche Reflexion der Verantwortlichen unabdingbar. Als Voraussetzung für eine erfolgreiche Lernförderung ist die Lehrkraft angehalten, über die eigenen subjektiven Theorien und Mindsets nachzudenken. Es gilt die eigene Rolle und vorrangigen Aufgaben zu überdenken: »successful teachers must be reflective and analytical about their own beliefs and practices and acquire deep understanding of cognitive and motivational principles of learning and teaching.« (Paris & Winograd, 2003)

6 Ausgewählte Förderprogramme für Schüler*innen

Lernen ist ein komplexes Geschehen, das sowohl (meta)-kognitive als auch motivationale und emotionale Prozesse und Erfahrungen umfasst. Die weiteren Ausführungen widmen sich zunächst verschiedenen Facetten der Motivation und geben Anregungen zu deren Förderung (Abschnitt 6.1). Es folgen Empfehlungen zur Aktivierung von Metakognitionen (Abschnitt 6.2).

6.1 Förderung von Motivation

Was bedeutet Motivation?

Definition Motivation

Das Wort »Motivation« ist abgeleitet von dem lateinischen Verb *movere* ›bewegen‹. Es geht um das, was uns antreibt, was uns in Bewegung bringt. Motivation repräsentiert Ziele, Überzeugungen und Einstellungen, die darüber bestimmen, wie sich kognitive und metakognitive Aktivitäten entwickeln, und wie wir sie verwenden (Schraw et al., 2006).

Welche pädagogisch-psychologischen Maßnahmen der Motivation von Schüler*innen zugute kommen, soll nun besprochen werden.

Intrinsische Motivation

Wie können Lehrerinnen und Lehrer die Motivation ihrer Schüler*innen unterstützen?

(1) Eine erste Fördermaßnahme greift auf Strategien der Selbstregulation zurück. Um ihre Motivation beeinflussen zu können, brauchen Menschen immer wieder Regulationsstrategien, z. B. Selbstgespräche, die Gedanken und Überzeugungen eine neue Richtung geben. Auf diese Weise lassen sich Motivation und Motivationsprobleme direkt beeinflussen (Schuster, Stebner, Leutner & Wirth, 2020), etwa wenn eine Aufgabe für einen Schüler zu schwierig oder zu langweilig ist (»Ich bleibe ruhig. Ich lese alles ganz genau. Ich schaue, ob mir etwas bekannt vorkommt«). Strategien der Motivationsregulation sind überwiegend aufgabenspezifisch, weil sie immer ein bestimmtes Motivationsproblem im Blick haben.

Sind Schülerinnen und Schüler zu dieser Kontrolle von Motivation und Aufmerksamkeit in der Lage, so zeigen sie in der Regel auch eine hohe Anstrengungsbereitschaft (Staub, 2019). Mehr noch: In vielen Phasen des Lerngeschehens sind solche höheren Fähigkeiten entscheidend für den Lernerfolg.

(2) Impulse für die Motivation können zweitens aus der Lernumgebung kommen. Ausschlaggebend sind hier differenzierte Angebote im Unterricht. Dieser Idee folgen vor allem konstruktivistisch geprägte Lernsettings.

In solchen Ansätzen können Lehrende den zu befürchtenden Rückgang der Lernmotivation während der Schulzeit verhindern oder mildern, indem sie Freiräume und Entscheidungsmöglichkeiten zulassen. Beispiele bieten die in der Tabelle S. 72 genannten Methoden. Diese und weitere Maßnahmen der Individualisierung, etwa die Option, Schwerpunkt- und Ergänzungsfächer sowie Arbeitsgemeinschaften selbst wählen zu dürfen, gestatten und fördern ein interessengeleitetes und letztlich selbstgesteuertes Handeln (Staub, 2019).

(3) Ein dritter Ansatzpunkt auf dem Weg zur intrinsischen Motivation lehnt sich an die Selbstbestimmungstheorie nach Deci & Ryan (2012) an. Dieses Modell rückt die Befriedigung von drei psychologischen Grundbedürfnissen in den Fokus. Eine positive Motivationsentwicklung ist dann zu erwarten, wenn

1. Schülerinnen und Schüler im Unterricht viele Gegebenheiten für eigene Entscheidungen erleben (Autonomieerleben) und der Lehrperson vertrauen;
2. sie die Lehrkräfte ebenso wie die Klassenkameraden als freundlich einschätzen (soziale Eingebundenheit);
3. sie sich (z. B. durch soziale Vergleiche oder Erfolgserlebnisse) als kompetent erleben (Kompetenzerleben).

Selbstwirksamkeit

Im Hinblick auf die Förderung von Motivation im Unterricht kann auch die Unterstützung von Selbstwirksamkeit als zentral angesehen werden. Die nun behandelten Konzepte berühren jene Komponente der Selbststeueruung, die als erlebte Selbststeuerung bezeichnet wurde (siehe Abb. 1, S. 20). Das Konzept der Selbstwirksamkeit (*self-efficacy*) hat im Rahmen der sozial-kognitiven Lerntheorie von Bandura (1986) einen zentralen Stellenwert.

Definition: Selbstwirksamkeit

Selbstwirksamkeit ist definiert als Überzeugung einer Person, in einer bestimmten Situation eine bestimmte Leistung erbringen zu können. Selbstwirksamkeit bezeichnet eine Kompetenzerwartung. Das Individuum glaubt also an sich; es ist von seinen Fähigkeiten überzeugt.

Wichtig ist die Erkenntnis, dass der Grad der Überzeugung von der eigenen Selbstwirksamkeit das Ausmaß der persönlichen Anstrengung, der Ausdauer und die Art der eingesetzten Strategien beeinflusst: »Ich vertraue darauf, im Fach Kunst eine Drei zu erreichen. Ich kann das!«

Einzelne Fördermaßnahmen in diese Richtung werden nun genauer betrachtet. Voraussetzung für alle Lernimpulse ist der Gedanke, dass tatsächlich vorhandene Fähigkeiten weniger entscheidend sind als die subjektive Vorstellung der Person von ihren Fähigkeiten: Ist sie überzeugt, dass ihr für ein erfolgreiches Handeln wesentliche Voraussetzungen fehlen, so wird sie eine Handlung nicht ausführen, auch wenn sie objektiv betrachtet sehr wohl die entsprechenden Kapazitäten dazu hat.

Glaubt das Individuum an seine Selbstwirksamkeit, strengt es sich mehr an und kommt mit Rückschlägen oder Störungen besser zurecht: Wird es beim Lesen oder Lernen unterbrochen, kehrt es wahrscheinlich wieder zu dieser Aufgabe zurück. Selbstwirksamkeit beeinflusst die Motivation des/der Lernenden zum Beispiel aufgrund der Erwartung, Ziele selbst realisieren zu können. Eine ausgeprägte

Selbstwirksamkeit in einem Bereich korrespondiert mit einem hohen Anspruchsniveau. Die Person hat weniger Angst vor Misserfolgen und findet neue Strategien, wenn die alten fehlgeschlagen sind (Woolfolk, 2008).

Wie können Lehrpersonen Selbstwirksamkeit unterstützen?

Es bieten sich mehrere Wege an:

1. *Wahlfreiheit eröffnen.* Um Selbstwirksamkeit für das Lernen zu entwickeln, müssen Schüler*innen in der Lage sein, Entscheidungen treffen zu können. Auf diesem Weg spielt das eigenständige Überwachen und Bewerten des Lerngeschehens eine wichtige Rolle. Lehrer*innen können Schüler*innen helfen, ihr Lernen selbst zu steuern, indem sie Kriterien für die Bewertung ihres Lernprozesses und der Lernergebnisse vorgeben; die Lernenden können daraufhin selbst beurteilen, ob sie Fortschritte machen und ihren Standards genügen (Woolfolk, 2008). Die wahrscheinliche Folge ist eine Stärkung der Selbstwirksamkeit.
2. *Interessen berücksichtigen.* Die Aufgabenstellungen und Lerninhalte sollten sich an den Interessen der Schüler*innen orientieren (Kirk, 2018). Dies steigert die Identifikation mit den Aufgaben und das Engagement bei deren Bearbeitung.
3. *Positives und ehrliches Feedback geben.* Positives und zugleich ehrliches Feedback bezogen auf einzelne Arbeitsschritte fördert günstige Erwartungen. Insbesondere bei Kindern oder Jugendlichen ist es ratsam, sie auf eigenes

Wachstum und Fortschritte gegenüber ihren eigenen Leistungen in der Vergangenheit aufmerksam zu machen und die Gründe für diese Steigerung herauszuarbeiten (Kirk, 2018).

4. *Komplexe Aufgaben anbieten.* Schüler*innen können effektive Überzeugungen der Selbstwirksamkeit erwerben, wenn sie von Lehrenden komplexe und zugleich sinnvolle Aufgaben gestellt bekommen, die sich über eine längere Zeit erstrecken. Beispiele dafür stellen Projekte oder Phasen der freien Arbeit im Unterricht dar.
   - Wie zahlreiche Forschungsarbeiten nahelegen, sind die motivierendsten und leistungsmäßig besten Aufgaben für Schüler*innen Aufgaben mit mittlerem Schwierigkeitsgrad, die herausfordern, aber nicht überfordern (Heckhausen, 1989; Woolfolk, 2008). Entsprechend sollten komplexe Aufgaben für die Schüler*innen nicht zu schwierig sein. Weitere Aspekte der Komplexität können ebenfalls lernförderlich sein:
   - Aufgaben sind komplex, wenn sie verschiedene Ziele ansprechen und breit gefasste Bedeutungseinheiten beinhalten; das ist etwa bei Projekten oder thematischen Einheiten der Fall.
   - Komplexe Aufgaben erstrecken sich über eine längere Zeitspanne; sie verlangen von Schüler*innen, eine Reihe von kognitiven und metakognitiven Aktivitäten abzurufen.
   - Komplexe Aufgaben beinhalten Informationen über die erforderlichen Lernprozesse. Schüler*innen ist von Anfang an bekannt, dass es zielführend ist, Probleme tiefgehend und zugleich elaborierend zu verarbeiten und zu lösen. Von dieser Vorgehensweise und

Struktur können Kinder oder Jugendliche in vielfältiger Weise profitieren. Beispielsweise werden sie lernen, das oberflächliche Lernen kritisch zu hinterfragen. Parallel dazu werden sie ihr strategisches Repertoire ausdifferenzieren.

Wie können Lehrpersonen Kontrollüberzeugungen fördern?

Ein mit der Selbstwirksamkeit verwandtes Konstrukt ist das der Kontrolle.

Definition: Kontrollüberzeugung

Kontrollüberzeugungen sind mehr oder weniger generalisierte Erwartungen. Bezogen auf eine konkrete Situation lässt sich Kontrolle als Kontingenzerwartung (= Handlungs-Ergebnis-Erwartung) darstellen. Gemeint ist die subjektive Erwartung der Person, dass auf ihre Handlung bestimmte Ergebnisse folgen oder nicht. Beispiel: »Wenn ich täglich drei Stunden übe, werde ich die nächste Deutschklausur schaffen.«

Im Unterschied zur Selbstwirksamkeit richtet sich das Augenmerk hier nicht auf Kompetenzen, sondern auf eigene (mental vorweggenommene) Handlungen. In beiden Fällen stehen persönliche Überzeugungen im Zentrum. Daher ähneln Lösungen zur Förderung von Kontrolle jenen zur Unterstützung von Selbstwirksamkeit.

1. *Wahlfreiheit eröffnen.* Lehrer*innen können mit Schüler*innen Kontrolle teilen, indem sie ihnen Wahlfreiheit einräumen. Geben Lehrkräfte Lernenden Freiräume, so schafft das Möglichkeiten für sie, den Schwierigkeitsgrad einer Aufgabe bis zu einem gewissen Grad selbst zu bestimmen. Zum Beispiel können sie sich leichten oder schwierigen Lesestoff aussuchen; sie können die Art und den Umfang einer Dokumentation oder eines Berichts selbst bestimmen und sie können zwischen verschiedenen Formen, ihr Gelerntes auszudrücken, wählen. Alternativ oder ergänzend befinden die Schüler*innen darüber, ob sie allein oder lieber mit Mitschüler*innen zusammenarbeiten möchten und wie die womöglich benötigte Unterstützung konkret aussehen soll (Woolfolk, 2008). Wenn Schüler*innen in Entscheidungen miteinbezogen werden, übernehmen sie Verantwortung für ihr Lernen und setzen sich Ziele; sie überwachen ihren Fortschritt und bewerten die Ergebnisse (Woolfolk, 2008). Dies sind alles Qualitäten eines effektiven, selbstgesteuerten Lernens.
2. *Kognitive Aktivierung.* Es kommt auf die richtigen Impulse für das kognitive Engagement an (Konrad, 2022). Manchmal sind es Selbstanweisungen (z. B. »Du schaffst das!«). Oft handelt es sich auch um die Ermutigung zum »lauten Denken« oder um Fragen, die von außen das weitere Vorgehen lenken. Wenn Schüler*innen darüber nachdenken, wie sie am Ende einer Lernsequenz am besten ihre Zeit verbringen sollen, können Lehrerpersonen fragen: »Was könnt ihr machen, wenn ihr fertig seid? Was könntet ihr tun, wenn ihr darauf wartet, dass ich euch helfen komme?« (Woolfolk, 2008).

3. *Rückmeldungen geben.* Im Anschluss an erledigte Projekte oder Aufgaben gibt die Lehrkraft den Schüler*innen im Idealfall konstruktive Rückmeldungen (siehe Abschnitt 4.4, S. 53 ff.) bezüglich ihrer getroffenen Entscheidungen sowie ihres Lernverhaltens. Kinder und Jugendliche gewinnen den Eindruck, ihr Handeln selbst steuern und korrigieren zu können.
4. *Am Individuum orientieren.* Die Lehrperson versucht, ihre Wahlvorgaben auf die besonderen Bedürfnisse jedes/jeder Lernenden abzustimmen. Zum Beispiel kann sie einige Schüler*innen ermutigen, Projektthemen selbst auszusuchen, für die es auch Material mit einem für Schüler*innen angemessenem Schwierigkeitsgrad gibt (Woolfolk, 2008). Individuell angepasste Vorgaben sowie Orientierungen stärken Selbstverantwortung und Kontrollüberzeugungen.

Die bislang vorgestellten Ideen zur Förderung von Selbstwirksamkeits- und Kontrollüberzeugungen sollen nun weiter präzisiert werden. Ein Förderprogramm, das intrinsische Motivation und den Aufbau von Interessen stärken, heißt ARCS (Keller & Kopp, 1987, zit. nach Klauer & Leutner, 2012). Das Kürzel wird in der folgenden Übersicht erläutert (Klauer & Leutner, 2012).

Anregungen für die Praxis: Die vier ARCS-Strategiekomponenten

Handlungsschritt	Beschreibung des Vorgehens
1	A steht für Aufmerksamkeitsstrategien (*attention strategies*) zur Weckung und Unterhaltung von Aufmerksamkeit, Neugier und Interessen. Es gibt drei Optionen: • Präsentation anregender oder überraschender Information (z. B. kognitive Konflikte) • Weckung von Forschungsinteressen (z. B. durch interessante oder provozierende Fragen; Probleme, die durch die Lernenden gelöst werden sollen) • Schaffung einer geeigneten Variabilität der Tätigkeiten (z. B. durch Abwechslung in Aktivitäten)
2	R steht für Strategien, den Lernstoff für Lernende relevant werden zu lassen (*relevance strategies*): Verknüpfung des Lernstoffs mit Bedürfnissen, Interessen und Motiven der Lernenden durch • Zielangaben • Anpassung der Ziele an Motive und Interessen der Lernenden • Rückgriffe auf Vertrautes (z. B. eigene Erfahrung der Lernenden)

3	**C** steht für Strategien der Erfolgszuversicht (*confidence strategies*). Sie helfen dem Lernenden dabei, den eigenen Lernerfolg zuversichtlich zu erwarten. Es gibt • Informationen darüber, was gefordert wird, worauf es ankommt und wie die Beurteilungskriterien sind • Unterstützung erfolgreichen Lernens durch angepasste Aufgabenstellung • die Ermutigung zu positiven Kausalattributionen. Das Individuum schreibt Erfolg der Fähigkeit und dem Fleiß zu.
4	**S** steht für Belohnungsstrategien (*satisfaction strategies*). Sie sollen extrinsische oder intrinsische Befriedigung verschaffen. Angeboten werden • Unterstützung der Freude am Lernen und den zugehörigen Tätigkeiten (z. B. Spiele, spannende Aufgaben, Bewegung) • Belohnung in Form von Zertifikaten, Credit points u. ä. • Schaffung verlässlicher Bedingungen für die Lernenden (z. B. Nutzung der vorher angekündigten Kriterien)

6.2 Förderung von metakognitivem Wissen und (meta)-kognitiven Strategien (Anwendung metakognitiver Instrumente)

Welche Strategien lassen sich unterscheiden?

Lernstrategien spielen bei der Entwicklung der Fähigkeit zum selbstgesteuerten Lernen eine zentrale Rolle. Viele Autor*innen betrachten ihre Anwendung sogar als die grundlegende Kompetenz der Selbststeuerung.

Definition: Lernstrategien

Lernstrategien können als Vorgehensweisen definiert werden, die zur Bewältigung von Lernanforderungen eingesetzt werden.

Lernstrategien sind mehr oder weniger komplexe, unterschiedlich weit generalisierte bzw. generalisierbare, bewusst oder auch unbewusst eingesetzte Verfahren zur Realisierung von Lernzielen, zur Bewältigung von Lernanforderungen (Lompscher, 1992, 1994a).

Nach dem aktuellen Forschungsstand lassen sich kognitive, metakognitive und ressourcenorientierte Strategien unterscheiden (Leopold & Leutner, 2002, S. 241; siehe Abb. 2).

1. *Kognitive Strategien.* Hierunter fallen solche Strategien, die sich auf eine tiefenorientierte (Elaborationsstrategien, Organisationsstrategien) oder oberflächenorientierte (Wiederholungsstrategien) Verarbeitung des Lernstoffs beziehen. Ein Beispiel für die besonders wichtige

Abb. 2: Wie lassen sich Lernstrategien klassifizieren?

Elaboration ist die Verknüpfung des Gelesenen oder Gehörten mit vorhandenem Wissen. Hinzu kommt die bildliche Veranschaulichung des Gelesenen/Gehörten, die eine verständnisbezogene Verarbeitung des Lernstoffs anstrebt. Wiederholungsstrategien sind dagegen auf eine oberflächliche, nicht verständnisorientierte Verarbeitung des Lernstoffs gerichtet, zum Beispiel das Auswendiglernen eines Textes.

2. *Metakognitive Strategien.* Diese richten sich im Gegensatz zu den kognitiven Strategien nicht auf eine unmittelbare Verarbeitung des Lernstoffs, sondern auf die Planung, Überwachung und Regulation des Lernprozesses. Metakognitive Strategien sind den kognitiven Anwendungen übergeordnet, weil sie sich einerseits auf die

Auswahl einer geeigneten kognitiven Strategie beziehen und andererseits kontrollieren und überwachen, ob eine bestimmte kognitive Strategie auch qualitativ gut ausgeführt wurde (Leopold & Leutner, 2002).

3. *Ressourcenbezogene Strategien.* Sie umfassen die Organisation des eigenen Lernens und die Rahmenbedingungen des Lernens. Zur Gruppe der ressourcenbezogenen Strategien gehören (Leopold & Leutner, 2002)
   - das Zeitmanagement, die Aufmerksamkeit und Energie des Individuums (interne Lernstrategien)
   - wie das lernende Individuum seinen Arbeitsplatz und seine Lernmittel gestaltet
   - die Bedingungen, welche die Person darin unterstützen, besser zu lernen (z. B. in der Gruppe oder mit zusätzlichen Materialien oder Literatur).

Wie können Metakognitionen im Unterricht gefördert werden?

Es wird gerne vergessen, dass das selbstgesteuerte Lernen sich im Laufe einer Lernbiografie nicht von allein ergibt, sondern – wie andere Fertigkeiten auch – gelernt werden muss. Schülerinnen und Schülern bei der Erreichung dieses Zieles zu helfen, ist eine wichtige Aufgabe jeder Lehrperson.

Gerade lernschwache Kinder und Jugendliche sind in ihrem Lernverhalten weit entfernt von einem erfolgreichen strategischen Vorgehen (*good strategy user*). Es fällt auf, dass sie kaum über effektive Strategien verfügen und eine gezielte Förderung dafür benötigen (Beck, Guldimann & Zutavern, 1995). Wie zu zeigen sein wird, handelt es sich dabei um ein sehr anspruchsvolles Anliegen.

Auf dem Weg zum erfolgreichen Lernen gilt es Fehler zu vermeiden. Beispielsweise bringen reine Methodentrainings kaum die erwünschten Resultate, da sie zu wenig auf die Vorbedingungen der Lernenden eingehen und zu viele Lernstrategien in nur einem Input vermitteln wollen. Im Unterschied dazu empfehlen Guldimann & Lauth (2004a) sowie Sibilia (2017) die folgenden Regeln. Strategische Maßnahmen sollten

- weitreichend in der Schule verankert werden (als ideal gilt die integrierte Vermittlung von Sachkenntnissen und zugehörigem metakognitivem Wissen, d.h. Wissen über eigene Lernpräferenzen und die gegebenen Aufgaben)
- genau auf die einzelnen Lernvoraussetzungen der Schülerinnen und Schüler (Vorwissen, Motivation, Metakognition, Lernstrategien und Intelligenz) abgestimmt werden
- an das schon bestehende metakognitive Wissen der Lernenden anknüpfen und sie dazu anregen, über ihr Lernen weiter nachzudenken
- die Eigenverantwortung der Lernenden stärken. Diese agieren selbstgesteuert, indem sie sich eigene Lernstrategien bewusst machen, verschiedene Vorgehensweisen bedenken, neue Methoden erproben.

Um Missverständnissen vorzubeugen: Wenn ein Schüler oder eine Schülerin über metakognitives Wissen verfügt, ist damit ein Lernerfolg noch keineswegs garantiert. Für Fortschritte beim Lernen sind neben der Nutzung des metakognitiven Wissens das bereichsspezifische Wissen (z.B.

zu einem schulischen Thema) und einige zentrale Faktoren des Selbstkonzepts der Lernenden entscheidend.

Auch angemessene Ziele stellen eine wichtige Größe dar.

Anregungen für die Praxis: Lernziele und Lernstrategien im Unterricht

Wollen Schüler*innen Strategien der Selbstregulation übernehmen, ist es hilfreich, die Lernziele in einer bestimmten Weise zu formulieren.
Die Schüler*innen sollen

- Strategien erwerben, die das Lernen erleichtern
- Lernstrategien und Lerntechniken situationsgerecht beim Lernen inner- und außerhalb der Schule anwenden
- Lernerfahrungen austauschen und mit anderen diskutieren
- metakognitive Kompetenzen aufbauen (Bewusstsein, Kontrolle und Steuerung eigener geistiger Prozesse)
- das eigene Lernverhalten selbstständig adäquat steuern (initiieren, überwachen, kontrollieren, bewerten und regulieren) können.

Welche Instrumente eignen sich zur Förderung selbstreflexiven Lernens?

Für die Praxis besonders wichtig, ist die Frage nach Methoden und Materialien. Diese standen auch im Mittelpunkt von Schweizer Förderprojekten. St. Gallener Forscher (Beck et al., 1995) untersuchten die Möglichkeiten der Förderung eigenständigen Lernens über zwei Jahre hinweg in unterschiedlichen Fächern, bei Lehrerinnen und Lehrern mit verschiedenen Unterrichtsstilen (20 Versuchsklassen, 5./6. und 7./8. Klasse).

Im Zentrum der Schweizer Förderprogramme (z. B. Guldimann, 1996; Sibilia, 2017) stehen fünf metakognitive Verfahren, die auf das selbstreflexive Lernen zielen. Kernaspekte der Selbstreflexion und sie fördernde Lehr-Lernmethoden werden nun angeführt.

(1) *Ausführungsmodell (Modellieren).* Die Lehrkraft oder ein Schüler bzw. eine Schülerin zeigt den anderen Lernenden, wie er/sie an eine Aufgabe herangeht und sie auf je eigene Weise löst. Dabei denkt der/die Modellierende laut. Wichtig ist hier die Verbindung von lautem Denken und Handeln. Im Gegensatz zur herkömmlichen didaktischen Lehr-Lernform des »Vorzeigens und Nachmachens« geht es beim Ausführungsmodell nicht um das Imitieren oder Kopieren einer möglichst idealen Vorgehensweise, sondern um den sinnvollen Ausbau und die Differenzierung des eigenen Strategierepertoires.

(2) *Arbeitsheft (Überwachen, Monitoring).* Das Arbeitsheft zielt auf das Festhalten von Gedanken zum Lernen während des Lernprozesses. Das eigene kognitive Handeln wird von den beteiligten Schüler*innen während der Ausführung beobachtet, relevante Erfahrungen, Probleme und Fragen beispielsweise über Strategien und Aufgabentypen werden im Arbeitsheft festgehalten. Ziel ist es, wichtige Momente im Lernprozess unmittelbar festzuhalten. Nicht die Lösung der Sachaufgabe steht im Fokus, sondern vielmehr das Nachdenken über die eigenen Strategien.

(3) *Arbeitsrückblick (Evaluation/Reflexion).* Nach längeren Arbeitsperioden oder nach Abschluss einer Lerneinheit werden die Schüler*innen angehalten, auf die eigene Arbeit zurückzuschauen. Ziel ist es, schriftlich festzuhalten, was sie während des Lernprozesses über sich als lernendes Individuum, die Aufgabe und die verwendeten Strategien beobachtet und gelernt haben. Das Ergebnis der Lernreflexion wird in einem Lerntagebuch oder in einer speziellen Rubrik im Arbeitsheft schriftlich festgehalten.

(4) *Lernpartnerschaft (soziale Absicherung, Coaching mit Gleichaltrigen).* Jede/r Lernende hat über eine längere Zeitdauer eine Mitschülerin oder einen Mitschüler als festen Lernpartner, mit dem sie/er Lernerfahrungen, d. h. Wissen über den Umgang mit Problemen, Strategien und Aufgaben, austauscht und diskutiert. Die Tandems unterstützen sich gegenseitig beim Lernen und werden so vertraut mit der Lernbiografie des anderen; sie sind füreinander die ersten Ansprechpartner. Im Dialog schildern und bewerten sie ihre Lernerfahrungen sowie -ergebnisse.

(5) *Zusammenarbeiten in Gruppen (Erfahrungsaustausch).* Arbeits- und Lernerfahrungen werden regelmäßig in größeren Gruppen oder im Klassenverband ausgetauscht und diskutiert. Die Lernkonferenz ist eine spezielle Form der Plenumsdiskussion. Ähnlich wie bei der Arbeit in Lernpartnerschaften wird durch die Lernkonferenz der interpersonale Austausch über kognitives und metakognitives Wissen angeregt (Sibilia, 2017).

Die folgende Tabelle fasst die Förderprinzipen und dazu passende metakognitive Instrumente zusammen. Genannt werden ferner die dabei verwendeten Sozialformen (Sibilia, 2017).

Nr.	Instrumente	Hauptfunktion	Präsentation	Sozialform
1	Modellieren. Modell des Experten	präsentieren, anregen, Denkprozesse externalisieren	handelnd mit lautem Denken	in der Gruppe oder Klasse
2	Reflexion, Lernjournal, Portfolio	überwachend, reflexiv (aktuelle Prozesse)	schriftlich	individuell
3	Evaluation. Arbeitsrückblick / Arbeitsheft	reflexiv, schlussfolgernd (rückblickend)	schriftlich	individuell
4	Soziale Absicherung. Lernpartner	beraten, helfen, unterstützen, Coaching mit Gleichaltrigen	mündlich, teilweise schriftlich	mit festem Lernpartner
5	Erfahrungsaustausch. Aktivierung von metakognitivem Wissen in Gruppen	anregen, Wissen austauschen, sammeln	mündlich	in der Gruppe oder Klasse

Zum Nachdenken: Metakognitive Instrumente im Einsatz

- Wie bewerten Sie die genannten metakognitiven Instrumente?

	Ihre Einschätzung	negativ	unentschieden	positiv
1	Modellieren	–	o	+
2	Reflexion / Lernjournal	–	o	+
3	Evaluation / Arbeitsheft	–	o	+
4	Lernpartnerschaft / Coaching mit Gleichaltrigen	–	o	+
5	Reflexion in Gruppen	–	o	+

- Welche Methode, welches Vorgehen spricht Sie an?
- Welche weiteren Instrumente haben sich in Ihrem Arbeitsumfeld bewährt?
- Welche metakognitiven Instrumente wollen Sie ausprobieren? Wie lauten Ihre Vorsätze dazu?

6.3 Förderung des Selbstkonzepts

Das Projekt WEICHENSTELLUNG für Viertklässlerinnen und Viertklässler, entstand im Jahr 2013 aus einer Initiative der ZEIT-Stiftung in Hamburg. Die Initiative fördert und unterstützt Schülerinnen und Schüler über einen Zeitraum von drei Jahren am Übergang zwischen Grundschule und weiterführender Schule. Grund für die Entstehung des Projekts waren die schlechten PISA-Ergebnisse von Deutschland im Jahr 2000, die zeigen, dass Lernende aus sozial schwachen Familien, insbesondere mit Migrationshintergrund, zu den Bildungsverlierern im deutschen Bildungssystem gehören (ZEIT-Stiftung Ebelin und Gerd Bucerius, 2016).

Daher sieht es die pädagogische Leitung von WEICHENSTELLUNG als zentral an, dass diese Weichen richtig gestellt werden. Um individuelle Entwicklungen und persönliche Stärkungen zu erreichen, erfahren Schüler*innen, denen es an notwendigen Lernvoraussetzungen mangelt (die z. B. familiär wenig unterstützt werden), die aber Potenzial für einen höheren Schulabschluss haben, individuelle und intensive Anregungen (Ege, 2021).

In WEICHENSTELLUNG werden selbstbezogene Kognitionen (z. B. Selbstachtung, Selbstregulation) mit unterschiedlichen Maßnahmen geschult. Beispiele sind:

1. Kinder werden durch pädagogisch ausgebildete Personen (Mentoren) im und außerhalb des Unterrichts unterstützt (z. B. fachliches Coaching, private Kontakte).
2. Kinder lernen mit Gleichaltrigen in kleinen Gruppen und erfahren dort Unterstützung (z. B. gemeinsame Spiele oder thematische Übungen).

3. Kinder erhalten kulturelle Angebote (z. B. Sport, Zoo- oder Museumsbesuche), die ihre Persönlichkeit (Wissen, Denken und Können) (weiter)entwickeln und stärken sollen.

Die Mentoren legen besonderen Wert auf die Förderung des Selbstkonzepts ihrer Mentees. Gemeint ist eine kognitive Struktur, die nun genauer erläutert wird.

Definition: Selbstkonzept

Selbstkonzept bezeichnet die Kognitionen und Emotionen eines Menschen bezüglich der eigenen Identität und der eigenen Werte, also der Gedanken und Gefühle, die bei der Beantwortung der Frage »Wer bin ich?« in einer Person aufkommen.

Das verallgemeinerte »Bild von sich selbst« lässt sich unterteilen in verschiedenste Konzepte wie zum Beispiel: »ich selbst in der Schule« oder »ich selbst im Umgang mit meiner Familie«.

Des Weiteren zählt zum Selbstkonzept auch, warum und wie das Individuum Entscheidungen trifft. Davon nicht zu trennen sind gewisse Einflussfaktoren: Wovon bzw. von wem lässt sich das Selbstkonzept beeinflussen? (Lohaus & Vierhaus, 2019)

Hauptanliegen der Schülerförderung ist eine Stärkung des Lern- und Arbeitsverhaltens sowie der Selbstachtung. Ein günstiges Selbstkonzept ist flexibel genug, neue Erfahrungen anzunehmen und sich ihnen anzupassen, wodurch es wieder zu einer weitgehenden Übereinstimmung zwischen mental repräsentierten selbstbezogenen Vorstellungen und gesammelten Beobachtungen (oder Einsichten) kommt. Das führt letztlich dazu, dass die Person ausgeglichener und zufriedener ist. Allerdings ist das kein einfaches Unterfangen. Wie die Beobachtungen in WEICHENSTELLUNG belegen, versuchen vor allem Menschen mit einem negativen Selbstkonzept und geringer Selbstachtung ihre verletzbare Selbststruktur rigide zu verteidigen und zu schützen. Jeder Eindruck, der ihr Selbstkonzept gefährdet und noch mehr in Frage stellt, wird als bedrohlich wahrgenommen. Um das bestehende Selbstgefüge zu schützen, werden diese Erfahrungen abgewehrt (Lohaus & Vierhaus, 2019).

6.4 Resümee: Was können Sie aus diesem Kapitel mitnehmen?

Gegenstand des Kapitels sind Anregungen zur Förderung von selbstgesteuertem Lernen. Das eigene Unterrichtshandeln im Hinblick auf diese Dimensionen zu verändern und auf die Förderung der Selbststeuerung von Schüler*innen auszurichten, verlangt von einer Lehrperson in der Regel das Durchbrechen bestehender Handlungsroutinen. Neue Automatismen sollen entstehen im Hinblick auf die Aktivierung sowie Ausprägung von (1) Motivation, (2) Metakognition(en) und (3) Facetten des Selbstkonzepts.

Zu den zentralen Elementen der Motivation gehören Kontroll- und Wirksamkeitsüberzeugungen. Ihre Förderung gelingt durch Feedback, die Vermittlung von Erfolgserfahrungen und Aufgaben mit angemessenen Schwierigkeitsgraden.

Was die Metakognitionen anbelangt, ist die Unterscheidung zwischen metakognitiver Kontrolle und metakognitivem Wissen von Bedeutung. Im Rahmen der Förderung rücken sowohl das Lernen selbst als auch die dabei genutzten Strategien in den Vordergrund. Hilfreich dafür sind in erster Linie metakognitive Instrumente (z. B. Arbeitsheft, Lerntandems). Schließlich richtet sich das Augenmerk auf Aspekte des Selbstkonzepts. Ziel der Schülerunterstützung ist eine Stärkung des Lern- und Arbeitsverhaltens sowie eine Erweiterung des Selbstvertrauens. Betroffene Schüler*innen brauchen Wertschätzung und Zuspruch. Um dies zu erreichen, übernehmen pädagogisch ausgebildete Personen oftmals Aufgaben eines Lerncoaches.

Den Lehrkräften wird im Zuge der Fördermaßnahmen nicht allein im Hinblick auf den Dialog mit den Schüler*innen einiges an Engagement abverlangt. Die von den Lehrenden angestrebte Weiterentwicklung des selbstgesteuerten Lernens wird vor allem dann gelingen, wenn sie bereit sind, sich mit der eigenen Person, den eigenen Denkgewohnheiten (Mindsets) auseinanderzusetzen. Paris & Winograd (2003) verlangen Maßnahmen in diese Richtung schon von Anfänger*innen im Lehrerberuf.

Es geht um den Aufbau neuer und den Umbau hinderlicher Gewohnheiten und Einstellungen, die in hohem Maße individuelles Handeln und das Lernklima im Unterricht bestimmen.

7 Selbstgesteuertes Lernen als Kernelement von Unterrichts- und Schulentwicklung

In diesem Kapitel rücken Überlegungen zu Veränderungen der gesamten Schule in den Vordergrund. Welche Entwicklungsprozesse durchlaufen Schüler*innen, Lehrkräfte und Verwaltungsgremien? Wie gelingt es Kollegien und Schulleitungen, anstehende Lern- und Entwicklungsprozesse erfolgreich zu gestalten? Mit welchen Rahmenbedingungen sehen sie sich konfrontiert?

Kernanliegen einer modernen Schul- und Unterrichtsentwicklung

In einem systemischen Verständnis umfasst »Schulentwicklung« neben der Entwicklung des eigentlichen Unterrichts immer auch Aspekte der Organisations- und der Personalentwicklung (Bernhart & Konrad, 2018). Alle drei Konzepte hängen untrennbar miteinander zusammen.

Egal, ob eine Entwicklungsaktivität eher im Bereich der Organisationsentwicklung, der Unterrichtsentwicklung oder der Personalentwicklung ansetzt, sie führt immer dazu, dass die anderen Domänen berührt und mitgedacht werden müssen (Bernhart & Konrad, 2018).

Im Zuge der Betrachtung des selbstgesteuerten Lernens steht die Unterrichtsentwicklung im Mittelpunkt. Vorrangig werden Lehren und Lernen mit all ihren Facetten betrachtet und unterstützt. Besonders wichtig ist das Lernen der Schüler*innen, wobei das gründliche Denken und Begreifen der Lerninhalte in allen Entwicklungsbestrebungen einen hohen Stellenwert einnimmt. Damit untrennbar verbunden ist die Einsicht, dass Lernen durch eigene Konstruktionen der Wirklichkeit sowie durch eigenständiges Durchdringen neuer Inhalte auf der Basis persönlicher Leistungen am besten gelingt. Für erfolgreiches Handeln in einer komplexen und dynamischen Welt werden gegenwärtig vor allem »Wissensarbeiter« gebraucht. Lernende aller Altersstufen also, die es verstehen, Informationen intelligent zu erarbeiten, zu verarbeiten und aufgabenbezogen zu nutzen. Wissensarbeiter sind ein Ergebnis des sogenannten Wissenszeitalters, in dem Kreativität und Innovation im Vordergrund stehen und nicht so sehr die Erhaltung des Status quo. Genau darauf zielt die in diesem Band behandelte Lern- und Förderkultur.

Wie können dazu passende Lernsettings erfolgreich umgesetzt werden? Welche Bedingungen müssen die verantwortlichen Kollegien und Schulleitungen beachten?

Gelingensbedingungen für eine erfolgreiche Schulentwicklung

In der eingangs präzisierten ganzheitlichen Sichtweise geschieht Schulentwicklung nicht in einem von der Außenwelt abgekoppelten Raum (Bernhart & Konrad, 2018).

Weil ein Netzwerk von Personen, Theorien und pädagogisch-psychologischen Angeboten daran beteiligt ist, hängt der Erfolg innovativer Projekte von mehreren Maßnahmen sowie Konstellationen ab (Rolff, 2021):

- Wichtig ist eine integrative Schulentwicklung. Diese beinhaltet stets die Interaktion mit dem schulischen Umfeld (z. B. außerschulische Einrichtungen oder Behörden), wodurch sich wiederum Impulse und Entwicklungsansätze ergeben (Bernhart & Konrad, 2018).

- Der Erfolg von Reformanliegen ist um so wahrscheinlicher, je mehr Mitglieder der betroffenen Schule (z. B. verschiedene Fachgruppen und Expert*innen) aktiv im Projektteam (z. B. Steuergruppe) mitarbeiten. Vertreter verschiedener Berufsgruppen (z. B. Sozialarbeiter, Erzieher, Lehrkräfte) müssen möglichst gut eingebunden sein. Auf die Einbindung der Basis kommt es an: Projekte, welche alle Betroffenen in den Entscheidungsprozess einbeziehen, lassen sich leichter und konsequenter ausführen als Vorhaben, die von außen (z. B. von einer übergeordneten Behörde) bis ins Detail geplant sind.
- Das Training der Projektmitarbeiter*innen (z. B. Lehrpersonen und Angehörige einer Steuergruppe) erweist sich als besonders wichtig, und zwar sowohl vorbereitend als auch begleitend. Je konkreter sich das Training an alltäglichen Arbeitsproblemen oder Aufgaben orientiert, desto erfolgreicher ist es.
- Die gemeinsame Entwicklung von Unterrichtsmaterialien vor Ort ist förderlicher als die bloße Übernahme zentral konstruierter Materialien. Schul- und fächerübergreifend abrufbare Rezepte der Schulbehörde oder von Verlagen erweisen sich bei genauerem Hinsehen allenfalls als Impulse, die einer Überarbeitung und Anpassung an die Interessen und Lernvoraussetzungen der jeweiligen Zielgruppe bedürfen.
- Hilfreich ist schließlich, wenn sich die pädagogische Einrichtung als lernende Organisation begreift. Der Terminus »lernende Organisation« bringt zum Ausdruck,

dass die Schule mehr sein muss als eine Institution, die »lehrt«. Es bedeutet zugleich, dass Entwicklungen, welche die Schulen durchlaufen, stets auch mit Lernprozessen verbunden sind (z. B. Lernen aus Fehlern und das Lernen im Umgang mit Barrieren; Bernhart & Konrad, 2018).

Abseits der Schulentwicklung nennt der Gehirnforscher Gerhard Roth (2021) einige Voraussetzungen für nachhaltige Veränderungen in Organisationen. Seine Empfehlungen richten sich an Verantwortliche in Bildungseinrichtungen.

1. Ziele und Wege klar darstellen. Die Inhalte (z. B. Veränderungen in den Abläufen einer Schule) müssen in ihrer Sinnhaftigkeit spürbar begründet sein. Um bei Kolleg*innen und externen Einrichtungen anzukommen und letztlich wichtig zu werden, muss die Botschaft, das Kernanliegen, klar verständlich sein. Sie muss allen Beteiligten rational einleuchten und sie emotional erreichen.
2. Belohnungen vermitteln. Menschen verändern etwas, wenn sie dafür eine Belohnung erwarten können. Der Kollege muss verstehen, welche Vorzüge die Veränderung für ihn hat. Die Kollegin muss wissen, welche Chancen für sie bei der Veränderung entstehen.
3. Soziale Netzwerke etablieren. Wichtig sind soziale Kontakte, denn die Freude an sozialen Kontakten verselbstständigt sich. Wer etwas verändern will, ist gut beraten, Unterstützung zu suchen. Ein guter Zusammenhalt im Kollegium ist entsprechend von zentraler Bedeutung für eine erfolgreiche Schulentwicklung. Der später behandelte KOPING-Ansatz unterstreicht dieses Anliegen.

Impulse für nachhaltige Veränderungen in Lehrerkollegien (und damit Anstöße im Hinblick auf die Schulentwicklung) sind seit langem Gegenstand der Motivationspsychologie (Konrad, 2018). Um dies zu veranschaulichen, folgen einige konkrete Anregungen, die dazu beitragen, Wünsche und Ziele in Handlung(en) umzusetzen.

Anregungen für die Praxis: Veränderungswünsche im Unterricht umsetzen

- *Pläne schmieden.* Sie wollen Ihren Schüler*innen größere Freiräume geben. Wie viele Stunden pro Woche und an welchen Tagen sollen die Kinder oder Jugendlichen selbstgesteuert lernen? Welche Unterrichtssequenzen erscheinen ihnen dafür besonders geeignet? Bezogen auf welche Aufgaben und Ziele soll selbstgesteuertes Lernen geschehen? Gibt es Sozialformen und Materialien, die Sie dafür bevorzugen?
- *Erkennen Sie die Hindernisse,* die sich Ihnen in den Weg stellen. Es ist zu empfehlen, sich nicht unüberlegt in den Versuch zu stürzen, etwas zu verändern. Analysieren sie zunächst Ihre Situation und denken Sie strategisch über die Hürden nach. Was sind mögliche Hindernisse? Was kann dazwischenkommen? Etwa ein veränderter Lehrplan, Bedenken der Eltern oder eine neue Prüfungsordnung. Überlegen Sie sich, wie Sie dann damit umgehen möchten (Roeckmann, 2021).
- *Kleine Schritte gehen.* Gehen Sie kleine Schritte und peilen Sie machbare Ziele an. In Anlehnung an das

SMART-Prinzip (Konrad, 2022) – die Abkürzung für ein Kriterienraster, das an definierte Ziele angelegt wird – sollen die ins Auge gefassten Ziele **s**pezifisch, **m**essbar, **a**ttraktiv, **r**ealistisch und **t**erminiert sein.

- *Vorsätze fassen und diese stützen.* Vorsätze sind besser als ihr Ruf. Gedanken und Vorstellungen dazu, wie Ihre Zukunft in Schule und Unterricht aussehen könnte, programmieren Ihr Gehirn. Geben Sie also Ihrem Unbewussten, der im Hintergrund aktiven Intuition, eine Richtung. Benennen Sie realistische Vorsätze im Hinblick auf das selbstgesteuerte Lernen. Arbeiten Sie an deren nachhaltiger Umsetzung im Unterricht. Hilfreich können beispielsweise Selbstgespräche sein. Wer wertschätzend mit sich selbst spricht (*self-talk*), fühlt sich dadurch gestärkt (»Du bist mutig« oder »Toll gemacht«), wer dagegen dazu neigt, sich gedanklich abzuwerten, gerät unter Umständen in eine destruktive, demotivierende Gefühlsspirale.

Lehrerfort- und -weiterbildung

Die zuletzt thematisierten Programme der Unterrichtsentwicklung und ihrer Gelingensbedingungen vermitteln Anregungen für systematische Veränderungen. Fortschritte sind vor allem dann zu erwarten, wenn zugleich eine nachhaltige Lehrerfortbildung vorgesehen ist, die sich ebenfalls an den Prinzipien des selbstgesteuerten Lernens orientiert. Auf dem Weg dorthin werden in diesem Buch Formen der Erwachsenenbildung vorgeschlagen, die Erfahrungswissen mit berufsspezifischen Zielkompetenzen vernetzen.

Die Anliegen dieser »reflexiven Praxis« sind breit gestreut:

- Betrachtung der Besonderheit fachlichen Lehrens und Lernens
- Analyse des Praxisfeldes, seiner konkreten Aufgaben und der fachlichen Tradition
- Aktivierung eigener biografischer Lernerfahrungen
- Hinterfragen des eigenen Selbstverständnisses im Hinblick auf Lehr- und Lernprozesse

Reflexive Lehrerbildung im universitären sowie beruflichen Kontext setzt an solchen Prinzipien und Lernerfahrungen an. Davon können die teilnehmenden Lehrpersonen in hohem Maße profitieren (Abendroth-Timmer, 2011). Vor allen Dingen gelingt ihnen sehr wahrscheinlich eine ausgeprägte Theorie-Praxis-Verknüpfung. Die Kluft zwischen Wissen und Handeln schließt sich.

Zum Nachdenken – Wie beurteilen Sie Ihre Lehrer(fort)bildung?

- Wie sind Ihre Erfahrungen mit schulinternen und schulexternen Fortbildungsangeboten? Was davon war eine »reflexive Praxis«?
- Inwiefern sehen Sie Möglichkeiten, die Fortbildung im Kollegium zu optimieren?
- Welche Rahmenbedingungen für eine gelungene Schulung müssen vorliegen?
- Was können Sie zu einer wirksamen Lehrerfortbildung beitragen?

KOPING

Vor dem Hintergrund der bislang präferierten Theorien und Menschenbilder wird ein handlungstheoretisches Fortbildungsmodell empfohlen. Als weithin anerkanntes und bewährtes Konzept gilt die Kooperative Praxisberatung in Gruppen (KOPING; Bernhart & Konrad, 2013). KOPING ist ein Verfahren, das zur Modifikation des Handelns von Lehrer*innen, Hochschullehrer*innen und Erwachsenenbildnern entwickelt wurde; es ist speziell dazu bestimmt, den Transfer neuen Wissens in die je individuelle Praxis einzuleiten und zu sichern (Wahl, 2006). Die Anlehnung an das englische *coping* ›bewältigen‹ ist bewusst hergestellt. Bewältigt werden sollen die Schwierigkeiten, die bei der Umsetzung neuer Erkenntnisse und neuer Methoden in das professionelle Handeln entstehen, und zwar in gegenseitigem Austausch und in der Organisationsform eines kleinen Netzwerkes, bestehend aus Kleingruppen und sogenannten Praxis-Tandems (Schmidt & Wahl, 2008).

Den am KOPING teilnehmenden Lehrerinnen und Lehrern eröffnen sich im sozialen Austausch vielfältige Optionen. Sie lernen sich selbst einzuschätzen; sie beobachten sich als Lehrkraft und denken über ihren Unterrichts- oder Lehransatz (z. B. Bildungsverständnis, Mindset) sowie die Erfahrungen, die sie als Lehrer*in machen, nach. Schließlich sehen sie sich in diesem Mikrokosmos in der Lage, zentrale berufsbezogene Fragen zu beantworten: 1. Wie gut sind wir? Wo liegen unsere Stärken? 2. Was können wir tun, um besser zu werden? 3. Was sind die ersten / nächsten Schritte? (Paris & Winograd, 2003)

Zusammenfassung und Ausblick

Selbstgesteuertes Lernen (im Sinne von Voraussetzung, Ziel und Methode des Lernens) gilt auf allen Ebenen der Unterrichts- und Schulentwicklung als zentrales Erfolgskriterium. Seine Kernelemente (z. B. in Form der »vier Ks«) geben aktuell den Anstoß für zahlreiche Veränderungen.

Wie die Ausführungen des letzten Kapitels nahelegen, ist es hilfreich, wenn sich die Lehrkräfte alle Anforderungen und Facetten des komplexen Geschehens »Schulentwicklung« bewusst machen. Sie müssen wissen, wie die anvisierten Veränderungsprozesse begonnen und gestaltet werden können. Das betrifft nicht zuletzt die Motivation und den Willen zum Durchhalten.

Alle Bildungsforscher heben die Bedeutung sozialer Netzwerke hervor, denn die Freude an sozialen Kontakten verselbstständigt sich. Wer etwas verändern will, ist gut beraten, Unterstützung zu suchen. Lehrerfortbildung nach den Maximen des KOPING-Ansatzes betont die Potenziale eines sozialen Mikrokosmos in besonderem Maße.

Die in dieser Abhandlung angeführten Überlegungen zur Förderung von selbstgesteuertem Lernen (und einer angemessenen Unterrichtsentwicklung) vermitteln Ideen und Vorschläge zur Erweiterung der Verhaltensweisen einer Lehrperson und ganzer Kollegien. Mit Hilfe der skizzierten Förderprogramme und (meta)kognitiven Instrumente kann es gelingen, die Rahmenbedingungen und Lernumgebungen des Unterrichts zu optimieren und dem selbstgesteuerten Lernen mehr Raum zu geben. Die ausgeführten Konzepte sowie methodischen und strategischen Impulse versprechen günstige Auswirkungen auf zentrale

Prinzipien sowie Strategien der Selbststeuerung (Paris & Winograd, 2003). Dazu gehört vorrangig die Selbstregulation.

Selbstregulation verläuft dynamisch und bewirkt Veränderungen. Mit ihrer Hilfe werden Wissen, Fähigkeiten und Strategien flexibel geplant, genutzt oder verändert, um Ziele zu ereichen und Inhalte erfolgreich zu bearbeiten.

Sollen die präsentierten Aspekte und Dimensionen der Selbststeuerung praktisch wirksam gemacht werden, bedarf es Lehrerinnen und Lehrer, die sich als selbstgesteuert Handelnde verstehen. Lehrpersonen mit diesem Selbstverständnis zeigen Engagement und Bereitschaft zur Veränderung des eigenen Unterrichtshandelns. Sie sind gewillt, eigene professionelle Kompetenzen zu entwickeln, aber auch dazu motiviert, kooperativ tätig zu werden und die gesetzten Ziele gemeinsam in einem Team umzusetzen.

Das heißt zugleich: Zwischen allen Beteiligten auf verschiedenen organisatorischen Ebenen herrschen vielfältige Wechselwirkungen und Formen der Zusammenarbeit. Die Folge sind lebendige Netzwerke zwischen den einzelnen Ebenen einer Schule: Schülerinnen und Schüler, Lehrpersonen, Erzieher*innen, Sozialarbeiter*innen, Mitarbeiter*innen der Verwaltung usw. Sofern sich alle Akteure und Einrichtungen gegenseitig unterstützen und wohlwollend miteinander kommunizieren, ist eine zentrale Rahmenbedingung erfolgreicher Schulentwicklung erfüllt.

Literaturverzeichnis

Abendroth-Timmer, D. (2011). Reflexive Lehrerbildung: Konzepte und Perspektiven für den Einsatz von Unterrichtssimulation und Videographie in der fremdsprachendidaktischen Ausbildung. In: Zeitschrift für Fremdsprachenforschung, 22(1), 3–41.

Aebli, H. (1963). Über die geistige Entwicklung des Kindes. Stuttgart: Klett.

Albers, A. (2021). Kognitiv aktivierend unterrichten. Was bedeutet das und wie geht das? In: Pädagogik, 11, 6–7.

Altner, N. (2021). Achtsamkeit, Mitgefühl und Engagement in der Schule. In: J. Zylka (Hrsg.). Flip your School! (S. 153–165). Weinheim: Beltz.

Bandura, A. (1986). Social foundations of thought and action: A social cognitive theory. Englewood Cliffs, NJ: Prentice Hall.

Beamon, G. W. (2001). Teaching with adolescent learning in mind. Glenview III: Skylight Professional Development.

Beck, E., Guldimann, T. & Zutavern, M. (1995). Eigenständig lernen. St. Gallen: UVK.

Bernhart, D. & Konrad, K. (2010). Unterrichtsentwicklung durch kooperatives Lernen (E 1.27). Grundlagen und praktische Umsetzung kooperativer Lernumgebungen. In: Raabe. Nachschlagen – Finden, 9, 1–30.

Bernhart, D. & Konrad, K. (2013). Evaluation als Kernelement schulischen Qualitätsmanagements (E 3.8). Grundlagen und praktische Umsetzung. In: Raabe. Nachschlagen – Finden, 4, 1–32.

Bernhart, D. & Konrad, K. (2018). Lernprozesse im Unterricht moderieren. Bd. 2: Lernen im Kollegium. Köln: Wolters.

Brown, A. L. & Palincsar, A. S. (1989). Guided, cooperative learning and individual knowledge acquisition. In: L. B. Resnick (Hrsg.). Knowing, learning, and instruction: Essays in honor of Robert Glaser (S. 393–451). Hillsdale, NJ: Erlbaum.

Collins, A., Brown, J. S. & Newman, S. E. (1989). Cognitive apprenticeship: Teaching the crafts of reading, writing and mathematics. In: L. B. Resnick (Hrsg.). Knowing, learning, and instruction. Essays in honor of Robert Glaser (S. 453–494). Hillsdale, NJ: Erlbaum.

Deci, E. L. & Ryan, R. M. (2012). Motivation, personality, and development within embedded social contexts: An overview of self-determination theory. In: R. M. Ryan (Hrsg.). Oxford Handbook of Human Motivation (S. 85–107). Oxford, UK: Oxford University Press.

Demmerich, A. & Brunstein, J. C. (2004). Förderung sinnverstehenden Lesens durch »Reziprokes Lehren«. In: G. W. Lauth, M. Grünke & J. Brunstein (Hrsg.). Interventionen bei Lernstörungen. Förderung, Training und Therapie in der Praxis (2., überarb. und erw. Aufl.) (S. 279–290). Göttingen: Hogrefe.

Du Bois, N. E. & Staley, R. K. (1997). A self-regulated learning approach to teaching educational psychology. In: Educational Psychology Review, 9(2), 171–197.

Ege, J., Anna-Lena (2021). Welche Unterstützung bietet das Schülerförderprogramm Weichenstellung auf die Motivationsentwicklung von Schülerinnen und Schüler von der vierten bis zur sechsten Klasse? Weingarten: Pädagogische Hochschule. [Ungedr. Masterarbeit im Studiengang Master of Education.]

Ehlert, A., Maag Merki, K. & Werner, S. (2011). Selbstregulation im Unterricht fördern. In: S. Albisser & C. Bieri (Hrsg.). Sozialisation und Entwicklungsaufgaben Heranwachsender (S. 247–266). Baltmannsweiler: Schneider Hohengehren.

Errens, A. (2004). Prozessorientiertes Lernen. Erfahrungsbericht aus der Oberstufe. www.erziehungskunst.de/fileadmin/archiv_alt/2004/0604p003Errenst.pdf (Stand: 19.10.2021).

Ertl, B. & Mandl, H. (2004). Kooperationsskripts als Lernstrategie (Forschungsbericht Nr. 172). München: Ludwig-Maximilians-Universität, Department Psychologie, Institut für Pädagogische Psychologie.

Euler, D. & Hahn, A. (2004). Wirtschaftsdidaktik. Bern: Haupt-UTB.

Friedrich, H. F. (2002). Selbstgesteuertes Lernen – sechs Fragen, sechs Antworten. Tübingen: Deutsches Institut für Fernstudienforschung an der Universität Tübingen.

Götz, T. (2006). Selbstreguliertes Lernen. Förderung metakognitiver Kompetenzen im Unterricht der Sekundarstufe. Donauwörth: Auer.

Götz, T., Frenzel, A. C., Dresel, M. & Pekrun, R. (2017). Emotion, Motivation und selbstreguliertes Lernen (2., aktual. Aufl.). Paderborn: UTB-Schöningh.

Guldimann, T. (1996). Eigenständiger lernen. Durch metakognitive Bewusstheit und Erweiterung des kognitiven und metakognitiven Strategierepertoires. Bern: Haupt.

Guldimann, T. & Lauth, G. W. (2004a). Förderung von Metakognition und strategischem Lernen. In: G. W. Lauth, M. Grünke & J. Brunstein (Hrsg.). Interventionen bei Lernstörungen. Förderung, Training und Therapie in der Praxis (2., überarb. und erw. Aufl.) (S. 341–352). Göttingen: Hogrefe.

Guldimann, T. & Lauth, G. W. (2004b). Vermittlung von Lernstrategien und selbstreguliertem Lernen. In: Ebd. (S. 262–276).

Haas, U. (2011). Lernen nach dem Sandwichprinzip – Fachdidaktischer SkOL-Arbeitszirkel Wirtschaftswissenschaften. In: U. Haas & D. Kreter (Hrsg.). SkOL. Selbstorganisiertes und kompetenzorientiertes Lernen in der täglichen Unterrichtspraxis (S. 43–48). Berlin: Senatsverwaltung für Bildung, Jugend und Wissenschaft II G Fb / vierC print.

Haas, U. (2015). Selbstorganisiertes Lernen im Unterricht. Weinheim: Beltz.

Hattie, J. (2015). Lernen sichtbar machen. Überarb. deutschsprachige Ausgabe von »Visible learning«. Besorgt von Wolfgang Beywl und Klaus Zierer (3. Aufl.). Baltmannsweiler: Schneider Hohengehren.

Heckhausen, H. (1989). Motivation und Handeln. Heidelberg: Springer.

Kamei, R. K. (2021). Strategic Learning: A holistic Approach to Studying. Singapore: World Scientific Publishing Company.

Keller, J. M. & Kopp, T. W. (1987). An application of the ARCS model of motivational design. In: Reigeluth, C. M. (Hrsg.). Instructional theories in action. Lessons illustrating selected theories and models (S. 289–320). Hillsdale, NJ: Erlbaum.

Kirk, K. (2018). Self-efficacy: Helping Students in Believe Themselves (Missouri Southern State University). www.coursehero.com/file/59545845/Self-Efficacy-Helping-Students-Believe-in-Themselves-1 (Stand: 19.11.2021).

Klauer, K. J. & Leutner, D. (2012). Lehren und Lernen. Einführung in die Instruktionspsychologie. Weinheim: Beltz.

Kollar, I. & Fischer, F. (2019). Lehren und Unterrichten. In: D. Urhahne, M. Dresel & F. Fischer (Hrsg.). Psychologie für den Lehrerberuf (S. 333–351). Wiesbaden: Springer.

Komes, A. (2021). Jugendforscher kritisiert: Deutsche Schüler leben in 16 verschiedenen Welten. Focus Online 6.10.2021. www.focus.de/familie/familie_ausbildung/sprungkraft-burdaforward-fuer-bildung-in-der-schule-von-_id_24285224.html (Stand: 6.10.2021).

Könings, K. D., Saskia, B.-G. & van Merriënböer, J. J. G. (2005). Towards more powerful learning environments through combining the perspectives of designers, teachers, and students. In: British Journal of Educational Psychology, 75, 645–660.

Konrad, K. (2000). Selbstgesteuertes Lernen: Differentielle Effekte unterschiedlicher Handlungsfelder und demographischer Variablen. In: Unterrichtswissenschaft, 28(1), 75–91.

Konrad, K. (2004). Kleingruppenprojekte. In: A. A. Huber (Hrsg.). Kooperatives Lernen – kein Problem. Effektive Methoden der Partner- und Gruppenarbeit (S. 102–110). Stuttgart: Klett.

Konrad, K. (2008). Erfolgreich selbstgesteuert lernen. Theoretische Grundlagen, Forschungsergebnisse. Impulse für die Praxis. Bad Heilbrunn: Klinkhardt.

Konrad, K. (2018). Lern- und Veränderungsprozesse gestalten. Stuttgart: Kohlhammer.

Konrad, K. (2019). Selbstgesteuertes Lernen fördern – Curricula meistern. Weinheim: Beltz Juventa.

Konrad, K. (2021). Selbstgesteuertes Lernen von Schülerinnen und Schülern im Unterricht fördern. In: R. Grassinger & S. Bieg (Hrsg.). Enzyklopädie Erziehungswissenschaft Online. Fachgebiet Pädagogische Psychologie. www.beltz.de/fachmedien/erziehungswissenschaft/enzyklopaedie_erziehungswissenschaft_online_eeo.html (Stand: 24.4.2023).

Konrad, K. (2022). Zeit des Wandels und der Initiative. Änderungen unterstützen – Gewohnheiten stabilisieren. Berlin: Springer.

Konrad, K. & Bernhart, D. (2017). Lernprozesse im Unterricht moderieren. Bd. 1: Theorie und Praxis aktueller Unterrichtsentwicklung. Köln: Wolters.

Konrad, K. & Bernhart, A. (2018). Lernstrategien für Kinder. Baltmannsweiler: Schneider Verlag.

Konrad, K. & Traub, S. (2005). Kooperatives Lernen in Schule und Erwachsenenbildung (2. Aufl.). Baltmannsweiler: Schneider Hohengehren.

Konrad, K. & Traub, S. (2011). Selbstgesteuertes Lernen. Grundwissen und Tipps für die Praxis. Baltmannsweiler: Schneider Hohengehren.

Leopold, C. & Leutner, D. (2002). Der Einsatz von Lernstrategien in einer konkreten Lernsituation bei Schülern unterschiedlicher Jahrgangsstufen. In: Zeitschrift für Pädagogik, Beiheft 45, 240–258.

Leutner, D. (2006). Instruktionspsychologie. In D. Rost (Hrsg.). Handwörterbuch Pädagogische Psychologie (S. 289–299). Weinheim: Beltz.

Literacy GAINS. (2008). Connecting Practice and Research: Metacognition Guide. www.edugains.ca/resourcesCurrImpl/Secondary/CS_IL/InternationalLanguages/SupplementaryMaterialsforIL/ConnectingPracticeandResearchMetacognitionGuide.pdf (Stand: 29.1.2021).

Lohaus, A. & Vierhaus, M. (2019). Entwicklungspsychologie des Kindes- und Jugendalters (4. Aufl.). Berlin: Springer.

Lompscher, J. (1992). Zum Problem der Lernstrategien. In: Lern- und Lehrforschung. LLF-Berichte, 1, 18–53.

Lompscher, J. (1994a). Learning strategies: An essential component of learning activity. In: Lern- und Lehrforschung. LLF-Berichte, 7, 78–95.

Lompscher, J. (1994b). Lernstrategien: Zugänge auf der Reflexions- und der Handlungsebene. In: Lern- und Lehrforschung. LLF-Berichte, 9, 114–129.

Mattes, W. (2018). Methoden für den Unterricht. Kompakte Übersichten für Lehrende und Lernende. Paderborn: Schöningh.

Messer, B. (2016). Inhalte merkwürdig vermitteln: 56 Methoden, die den Merkfaktor erhöhen. Weinheim: Beltz.

Müller, F. (2006). Selbstständigkeit fördern und fordern. Weinheim: Beltz.

Muuss-Merholz, J. (2021). Beliebig oder bahnbrechend? In: Pädagogik, 12, 9–14.

Oberländer, A. (2017). Entwicklung unternehmerischer Persönlichkeiten bei Existenzgründungen aus der Arbeitslosigkeit. Detmold: Eusl.

Ormrod, J. E. (2014). Educational Psychology: Developing Learners (8. Aufl.). New York: Pearson.

Paris, S. G. & Winograd, P. (2003). The role of self-regulated learning in contextual teaching: Principals and practices for teacher preparation. A Commissioned Paper for the U. S. Department of Education project, »Preparing Teachers to Use Contextual Teaching and Learning Strategies to Improve Student Success in and beyond School«. https://eric.ed.gov/?id=ED479905 (Stand: 26.4.2023).

Roeckmann, M. (2021). Schluss mit Aufschieberitis – 5 Tipps, um den inneren Schweinehund zu überwinden. https://urbestself.de/blogs/article/schluss-mit-aufschieberitis (Stand: 19.7.2021).

Rolff, H.-G. (2021). Wie Schulen auf anstehende Veränderungen reagieren können. In: J. Zylka (Hrsg.). Flip your School! (S. 117–126). Weinheim: Beltz.

Roos, V. (2021). Feedbackregeln einfach erklärt – So geben Sie wertschätzendes und erhalten qualifiziertes Feedback (Shyopa – shape your own path). https://shyopa.com/ratgeber/feedbackregeln (Stand: 21.11.2021).

Rotering-Steinberg, S. (1995). Kooperative Formen des Lehrens und Lernens in der Erwachsenenbildung. In: Unterrichtswissenschaft, 23(4), 332–346.

Roth, G. (2021). Über den Menschen. Frankfurt: Suhrkamp.

Schleicher, A. (2021). Bildung: Warum Deutschland mehr kluge Köpfe braucht (Interview mit Felix Petruschke). Süddeutsche Zeitung Online, 5.5.2021. www.sueddeutsche.de/wirtschaft/bildung-digitalisierung-pisa-arbeitsmarkt-1.5285349 (Stand: 25.4.2023).

Schmidt, E. M. & Wahl, D. (2008). Kommunikative Praxisbewältigung in Gruppen (KOPING). In W. Mutzeck & J. Schlee (Hrsg.).

Kollegiale Unterstützungssysteme für Lehrer. Gemeinsam den Schulalltag bewältigen (S. 25–47). Stuttgart: Kohlhammer.

Schraw, G., Crippen, K. J. & Hartley, K. (2006). Promoting self-regulation in science education: Metacognition as a part of a broader perspective on learning. In: Research in Science Education, 36, 111–139.

Schuster, C., Stebner, F., Leutner, D. & Wirth, J. (2020). Transfer of metacognitive skills in self-regulated learning: an experimental training study metacognition and learning. In: Metacognition and learning, 15, 455–477.

Sibilia, M. (2017). Lernen lehren. Kognitive und metakognitive Lernstrategien im Unterricht fördern. Zürich: Interkantonale Hochschule für Heilpädagogik Zürich, Departement 1: Studiengang Sonderpädagogik. [Ungedr. Masterarbeit.]

Siewert, J. (2017). Schülern etwas zutrauen. Oder: Wie kann ich Vertrauen ins Zutrauen gewinnen? In: Pädagogik, 4, 6–9.

Simons, J. (1992). Prozessorientiertes Lernen. Berlin: Springer.

Sippel, S. (2022). Wie stärkt der Kopf den Körper? In: FAZ Online, 16.2.2022. www.faz.net/aktuell/sport/mehr-sport/mentales-training-im-sport-so-kann-der-kopf-den-koerper-staerken-17795595.html (Stand: 25.4.2023 [kostenpflichtiger Zugang]).

Staub, F. (2019). Entwicklung der Motivation: auch im Gymnasium ein Abwärtstrend? In: Gymnasium Helveticum, 4, 6–9.

Traub, S. (2012). Projektarbeit erfolgreich gestalten. Über individualisiertes, kooperatives Lernen zum selbstgesteuerten Kleingruppenprojekt. Bad Heilbrunn: Klinkhardt.

Wahl, D. (2006). Lernumgebungen erfolgreich gestalten. Bad Heilbrunn: Klinkhardt.

Waldherr, F., Walter, C., Wendorff, J. & Kipp, M. (2021a). Methoden für ein schnelles Feedback. In: F. Waldherr & C. Walter (Hrsg.). didaktisch und praktisch. Methoden und Medien für die Präsenz- und Onlinelehre (3. Aufl.) (S. 97–101). Stuttgart: Schäffer Poeschel.

Waldherr, F., Walter, C., Wendorff, J. & Kipp, M. (2021b). Methoden, um das Vorwissen transparent zu machen. In: Ebd. (S. 21–32).

Waldherr, F., Walter, C., Wendorff, J. & Kipp, M. (2021c). Methoden zum Erwerb und zur Verteilung neuen Wissens. In: Ebd. (S. 33–47).

Waldherr, F., Wendorff, J. & Kipp, M. (2021). Methoden zur Begleitung der studentischen Selbstlernphasen. In: Ebd. (S. 91–95).

Weidenmann, B. (2006). Handbuch Active Training (2. Aufl.). Weinheim: Beltz.

Woolfolk, A. (2008). Pädagogische Psychologie (10. Aufl.). München: Pearson Studium.

ZEIT-Stiftung Ebelin und Gerd Bucerius. (2016). WEICHENSTELLUNG für Viertklässler. www.duerr-stiftung.de/wp-content/uploads/2017/11/FlyerWeichenstellung-Stand-April-2016.pdf (Stand: 19.11.2018).

Zeitverlag (2021). Education that meets students' needs – Ein Angebot der ZEIT für die Schule. www.zeitfuerdieschule.de/materialien/artikel/achtsamkeit-eine-analoge-antwort-in-digitaler-zeit (Stand: 11.11.2021).

Zimmerman, B. J. (2000). Attaining self-regulation. a social cognitive perspective. In: M. Boekaerts, P. R. Pintrich & M. Zeidner (Hrsg.). Handbook of self-regulation (S. 13–39). London: Academic Press.

Zylka, J. (2021). Von den Schulschließungen zur Entwicklung hybrider, personalisierter Lernumgebungen. In: J. Zylka (Hrsg.). Flip your School! (S. 16–50). Weinheim: Beltz.

Verzeichnis der Methoden und Förderprogramme

Selbstgesteuertes Lernen wird durch vielfältige Strategien und Instrumente unterstützt. Die in diesem Band angesprochenen Methoden finden Sie in der folgenden Übersicht:

Zur Sprache kommen darüber hinaus folgende ausgewiesene Förderprogramme für zentrale Dimensionen des selbstgesteuerten Lernens:

Zum Autor

KLAUS KONRAD ist Diplomreligionspädagoge, Diplompsychologe und seit 2008 Professor für Pädagogische Psychologie an der Pädagogischen Hochschule Weingarten. Lehraufträge an den Hochschulen in Landau, Hildesheim und Tübingen. Er ist Geschäftsführer des Zentrums für Schulentwicklung und Professionalisierung in Weingarten.

Bereits seine Promotion (1993) und seine Habilitation (2004) befassten sich mit zentralen Aspekten des selbstgesteuerten Lernens. Seitdem zahlreiche Veröffentlichungen zu dem Thema. Weitere Schwerpunkte in Lehre und Forschung: Lehren und Lernen, Gruppenprozesse, Neuro-Psychologie, Belastung und Bewältigung, Kluft zwischen Wissen und Handeln.